暦の手仕事

中川たま

日本文芸社

巡る季節を楽しむということは
感じること。
目で見て
香って
触れてみて
そして、味わってみて……。
レシピはヒント。
人それぞれ……。
旬の味は、このうえない宝物。
今しかできないことを続けると
いつしか自分の味となる。

中川たま

暦の手仕事　〈もくじ〉

冬

column

春

haru

眠りから覚めた大地が一気に芽吹き
手仕事はじめに心が踊る

どんな瞬間でも
この世は光に満ちあふれている。
でも、春は特別。
恋しかった陽だまり
鳥たちの楽しそうなさえずり
潤いはじめた土からの芽吹き
自然の循環に感謝する。
待ちわびていたことに気づき
身体も目覚め、その訪れを喜ぶ。
冬から渡されたバトンをつなぎ
一歩、一歩、前へと進む。

甘酸っぱいもの、ほろ苦いもの……。
春の食材は少し手間がかかるけど
軽やかに、しなやかに手を動かすと
いつしか身体と心を緩めてほぐしてくれる。

そして、あなたの作った料理を
誰かが美味しいと言ってくれる。
喜んでくれる。

好きな人たちと食卓をともにしましょう。
春の恵みを存分に楽しみましょう。

苺

甘酸っぱい早春の味をふくよかに育てる

このうえなく可愛らしいルックス。そして、バランスの取れた甘酸っぱさに心奪われる苺。果物界では不動の人気。我が家でもやはりアイドルです。

お気に入りの苺があります。自宅から車で30分ほどの三浦半島の長井に、有機肥料やみつばち交配で苺を育てている「嘉山農園」。啓蟄からの春先にここを訪れるのが、我が家のお楽しみ。私が好きなケーキ屋さんも、ここの苺を使っているとか。

大きなビニールハウスに入ると、途端に甘酸っぱいいい香りが漂ってきます。たまらず、ふっくらと立派に育った苺をもぎ取って口に頬張ると、たちまち口いっぱいフレッシュジュースのよう。濃厚で練乳もいりません。

買った苺は使う前に、ついどれどれ？と手が伸びてヘタが一つ、また一つと、増えていく……。仕方ありませんね。アイドルの誘惑にはかないませんから。

はじめて作ったジャムが苺のジャムでした。苺、砂糖、レモンのみのシンプルなもの。友人におすそ分けして喜んでもらえたことを、今でもしっかり覚えています。とってもうれしかったな。

ジャム用には、完熟の小粒のものを分けてもらいます。小さな実を丸のまま使用することで、透明感がありプチッと弾けるような食感に仕上がります。
最近では、挽き立てのこしょうや庭のローズマリーを加えたり、レモンの代わりにホワイトバルサミコ酢を加えたものなど、香りや味にアクセントをつけたり、苺ジャムの楽しみ方も広がりました。自分で作ると甘さや濃度も好みにできていいですね。
そして、ジャムを煮ているときに出るピンクの美味しい灰汁を、牛乳や炭酸水で割った一杯も楽しみのひとつ。
少しアレンジしながらも、
毎年初心の想いで作る苺ジャムは、
私のジャム作りの原点かもしれません。

苺とバルサミコ酢のジャム
recipe _ p.145

苺、レモン、バニラのシロップ
recipe _ p.145

{ *memo* }　ジャムは最初から強火にして短時間で煮上げると、色がきれいに仕上がります。
シロップはデザートはもちろん、ビネガーと合わせてドレッシングにも。

ほろ苦いもの――

母が教えてくれた美味しい苦み

ふきのとう、たらの芽、こごみにわらび、つくし。

厳しい冬を乗り越えたほろ苦いものたちは、私たちに春の訪れを教えてくれます。そして、その苦味を取り込めば、体内に滞っていたものを排出し、身体が目覚めるお手伝いをしてくれるのです。

そんなありがたい春の恵みですが、幼少のころの私はというと、このほろ苦さが苦手でした。

母がよく作っていたのはふきの煮物。

田舎育ちの母は大好物だったらしく、抱えきれないくらいのふきの筋を一人で取り、大きなお鍋で炊いていました。そのたびに、何とも言えない灰汁の匂いが台所、いや家中に立ち込めていて、小さな私は鼻をつまんでいました。

もちろん、夕飯には大きなお皿にドーンとてんこ盛り……。食わず嫌いが何年も続きましたが、ある年、恐る恐る口に入れてみると、あの灰汁の匂いは何処へ。それどころか、出汁を含んで何とも言えない美味しさを感じました。

灰汁を丁寧に取り、美味しく調理する母は魔法使いか……、なんて。そして、何だか自分が少し大人になったような気がしたものです。

母のふきの煮物には勝てないけれど、私らしいほろ苦いものを作ってみたいと思いました。

ふきのとうは味噌にしたり、にんにくと合わせたペーストに。花わさびは酢漬けや醤油漬けにすると、シャキシャキして美味しいです。

ふきのとうのペースト
recipe _ p.146

花わさびの醤油漬け
recipe _ p.146

{ *memo* }　花わさびは小さな花やつぼみが可愛い。見かけるといつも束で買って、調理するまでの時間、花器などに入れて飾り、目でも楽しませてもらいます。

我が家で受け継ぐ甘くないひなあられ

もう充分な大人ですが、いくつになっても誕生日と桃の節句はウキウキします。ソワソワします。

三月三日の小学校の給食はなぜか毎年、焼きそばとフルーツポンチ。今でも覚えています。

下校後、楽しみだったのは、ひな人形の脇に置かれていた、色とりどりのひなあられ。ではなく（どちらかというと甘くて苦手）、塩味のおかきでした。

祖母がお正月にのし餅を作りサイコロ状に切って干したものを、母が揚げてくれました。

餅を油に入れるとたちまちぷっくり膨らんで、香ばしい匂い。火傷してでも食べたい！　そんな衝動にかられました。

塩をふっただけのシンプルなものでしたが、このおかきが止まらない美味しさでした。

一度だけ、干し餅を作る祖母の姿を見ることができました。たくさんののし餅を切り分けて笊に干し、たくさんの孫用に分けているところを……。

そして、手作りの手まりを添えて届けてくれるのです。それを毎年心待ちにしていました。

このおかきと一緒に出てきたのは、甘酒。

今では好きな甘酒も、昔は酔っぱらうんじゃないかとビクビクして味がよくわかりませんでした。

今は作ってあげる立場になりましたが、娘も甘いあられにはまったく興味を示しません。

受け継がれるのは、伝統だけでなく味覚も……、なんですかね。

{ *memo* }　「苺の甘酒」は、甘酒に「苺、レモン、バニラのシロップ」(p.145参照)を好みの分量入れて、炭酸水で割って混ぜるだけ。甘酒が苦手な人でも美味しく飲めます。

桜——

春の息吹を美しく封じ込めて

春分。眠っていたかのような木々の枝に、小さな膨らみを見つけると、淡いピンクの花びらがふんわりと咲く姿を、今か今かと待ちわびます。

花粉症で外に出るのがおっくうになる私も、このときばかりはお花見を計画してしまいます。

ソメイヨシノの花びらが散りだすと、次はピンク色が鮮やかな八重桜のつぼみが膨らみはじめる。散歩道にも、我が家の裏のお宅にも……。

こちらは、食すというもうひとつのお楽しみを計画。

桜の花びらを塩漬けにするには、つぼみの段階で収穫します。大切にいただいたつぼみを一度塩に漬けてから、梅干しを作る際にできる梅酢に漬けて干し、塩と一緒に保存しますが、作りながら

「どうしてソメイヨシノでなく八重桜なのかな」

そんなことをふと思いました。

よくいろいろなものに対して思います。

最初に考えた人、最初に食べた人は、何て勇気があるのだろう。先人たちの素晴らしい知恵のお陰で桜を食することができるなんて……。

保存した「桜の塩漬け」は、何かの節目となる晴れの日に料理やお菓子、お茶などに使います。

その華やかな姿は、人々を前に進ませてくれるような気がします。

毎年、桜を食べられる素晴らしい日が、一日でも多くなることを願っています。

桜の塩漬け
recipe _ p.147

桜のおこわ
recipe _ p.147

{ *memo* } 梅酢は梅干しを作るときに出る副産物。白梅酢は梅を塩漬けにしてはじめに上がってくる液体で、赤梅酢は赤紫蘇を入れた後に出てくるものです。

筍――

春の風物詩ととことん格闘

食べ物と向き合う様々な出来事や、巡る季節の素晴らしさに出合う仕事についたことで、興味を持ち、好きになった食材がたくさんあります。筍もそのひとつです。

特に好きというわけではなかったけれど、春先になると父から段ボールいっぱいに、丸々太った大きな筍が予告なく届いたり、友人が裏山で掘ったものを、玄関先にどーんと置いてくれたりと、新鮮な筍をもらう機会が増えました。

春のありがたいおすそ分けを眺めていると、熊の毛並みのようなこの子たちを、どう七変化させようかと、闘志が沸いてきます。

定番の筍ご飯と、あっさり出汁の煮物や揚げ物。細切りにして中華の炒め物にしてもいいかも……。なんて、献立を考えながら下処理をはじめます。

大きな鍋で筍をグツグツ煮込む傍らで、大きな保存瓶も煮沸してスタンバイ。これだけたくさんあると美味しいうちに食べ切れないので、長く楽しめるように保存食にしておきます。

水煮は使いやすいように大きめに切って保存し、いろんな料理の具材に。オイル漬けは硬い部分を細かく切り、ハーブやニンニクと一緒に漬けておくと、パスタに和えたりサラダの具に使えます。

いつしか筍は、この時季に食べないと春を終えられない食材になりました。

{ *memo* } 茹でた筍が余ったら、カラカラになるまで天日に干しておくと、長期保存できて便利です。戻したときに違う味わいになるので楽しみが広がります。

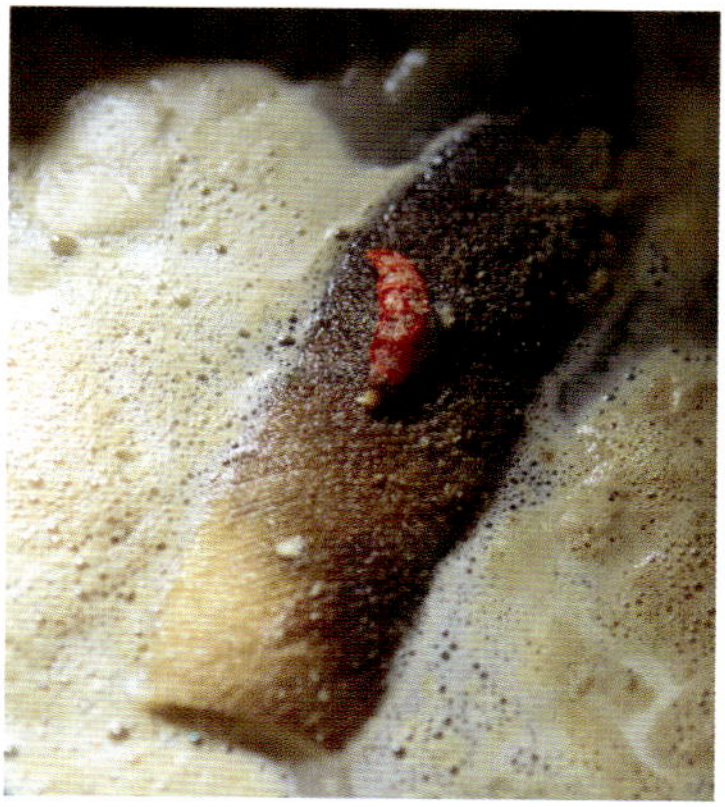
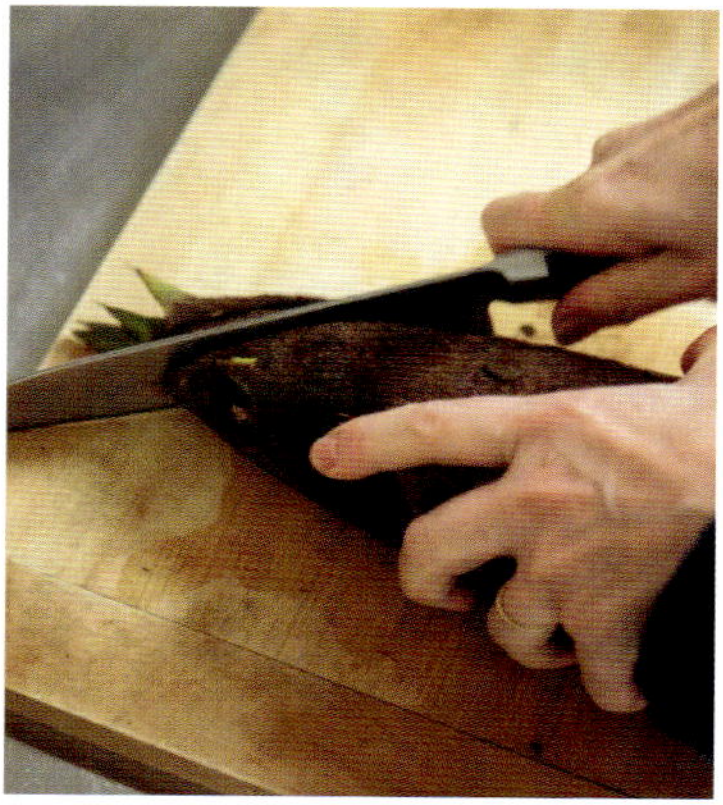

{ *memo* }　水煮は筍の皮に切り込みを入れて、ぬかと一緒に水から茹でます。竹串がスッと通るくらいになったら火を止め、そのまま一晩置いてから切り分けましょう。

筍のオイル漬け
recipe _ p.148

筍の水煮
recipe _ p.148

春の衣替え

気持ちを彩る香りの衣替え

日差しの温もりを求めていた穀雨を過ぎれば、いつしか木陰の涼しさを求めるように。気候の移ろぎを肌でしっかりと感じられるのも春です。

敏感でくせ者の私の肌。

アトピー性皮膚炎、紫外線にもすぐ反応。肌は乾燥しやすく、シミやソバカスだらけ。特に季節の変わり目は花粉症もあって散々なものです。

今でこそ荒れにくくなりましたが、化粧品もいろいろと試してみました。結局のところ一番肌に負担をかけない、原材料がシンプルなものが私には合っているようです。

入浴時に使っているのは、ドクターブロナーの「マジックソープ」や、横浜の手音さんで販売している「七色石鹸」。どちらもハーブなど自然素材を使用しているので顔と身体両方に使え、春先は柑橘類、夏はミント、秋冬は渋柿など、季節に合わせて香りや効能を変えて使っています。

衣類も薄く軽やかになる季節。

お気に入りのドライハーブをアンティークのリネンの端切れに包み、ハンガーにぶら下げたり、引き出しに入れたり……。

春はラベンダー、夏はレモンバーベナやミント、秋冬はカモミールやローズマリーなど。

洋服と同じように自分なりの香りの衣替えをして、季節の移ろいを楽しんでいます。

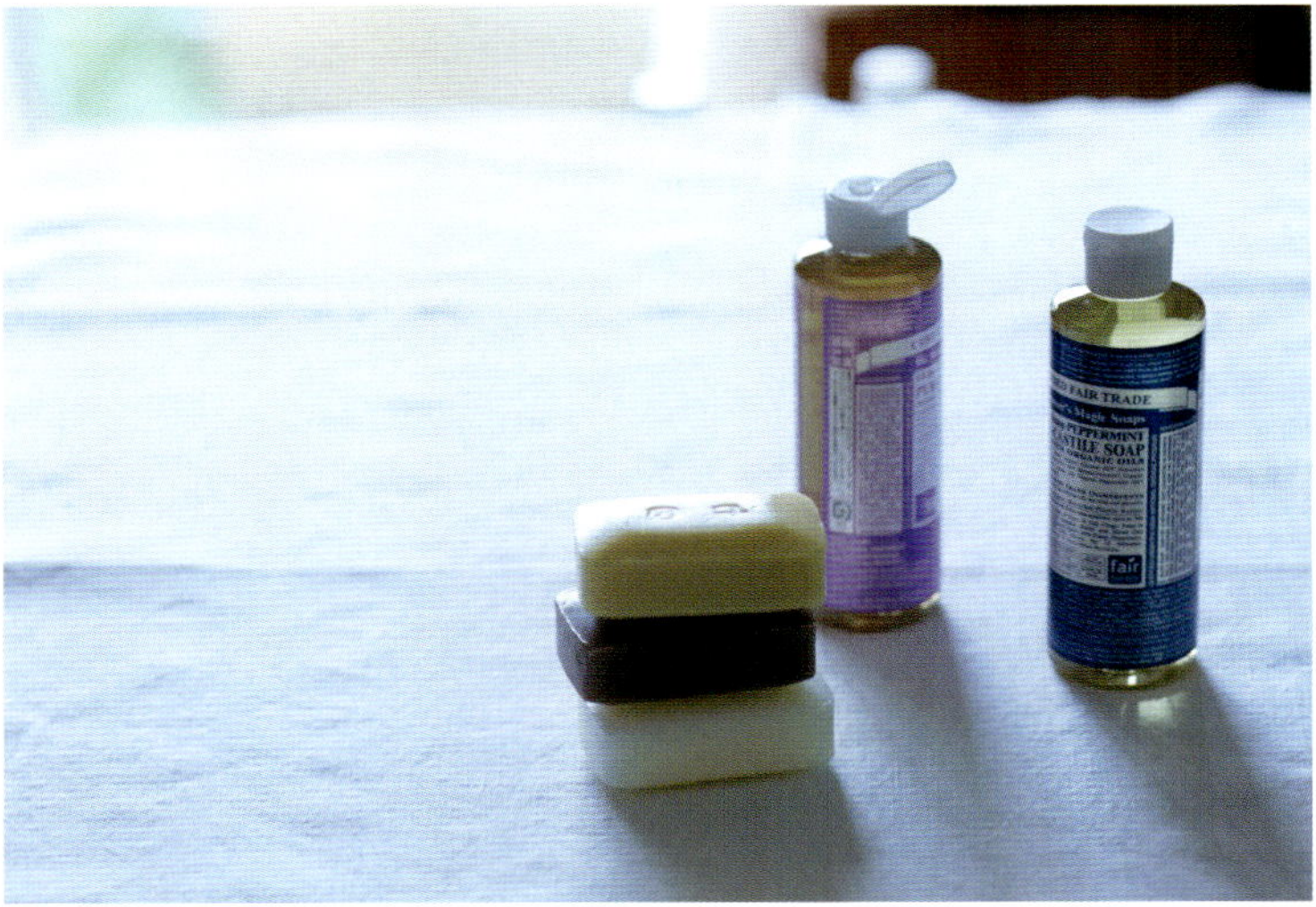
FAIR TRADE
PEPPERMINT
SOAP
fair

目覚めを促す春の身体の整え方

今年もやっぱり来たわね。

長く連れ添っている花粉症……。

どこもかしこもかゆく、そして何よりぼ〜っとしてやる気が出ない（出ても行動が遅い）。とっても不快指数の高い状態が2カ月くらい。毎年、乗り切れるかな〜と弱気になってしまうことも。それでも昔よりは軽減してきて、薬や点鼻薬は使わずに済むようになってきました。


最近では、春の訪れを鼻で感じられる体質だと思えるように。それはあきらめではなく、受け入れて寄り添い、身体の声を正直に受け止めるということ。調子の悪いときほど、身体と会話し、自分の生活態度を見直すいいチャン

ス。気づきのいいきっかけなのです。

暖かくなった春の陽気が身体を緩め、
冬に溜め込んだものを排出して開放し、
新しく芽吹こうとしている。

人間も、自然の一部なんだと思うと何だか気持ちがラクになります。

そんなリラックスできる環境にしたくて、自分でブレンドしたお茶を春先にいつも飲んでいます。

ルイボスに、ミント、ハイビスカス、レモングラス……。オーガニックのものを極力使用し、「リラックスミントティー」と名づけました。

ハイビスカスの赤色が、ショボショボとした目を和ませてくれます。

うどの皮のフリットとルッコラのサラダ
recipe _ p.148

小さな息吹をいただく春の食卓

うど、新玉ねぎ、夏みかんのマリネ
recipe _ p.149

筍の玄米ピラフ
recipe _ p.150

あさりと新じゃがのポタージュ
recipe _ p.149

ほんのり甘くてほろ苦い
初々しい味を楽しむ食卓

食べることは生きること。身体にいいものを食べることは大事なことです。でもそれだけではありません。

例えば、食べることを通して会話が生まれます。

「美味しい！」「何が入っているの？」「作り方は？」

特に美味しいものにはみんな、興味津々。知らず知らずにコミュニケーションが取れ、顔がほころび、幸せな気持ちにしてくれます。

春の食卓に並ぶものは、そんな心も解きほぐしてくれる食材を使って。

うどは夏みかんと合わせてマリネにすると、シャキッとした歯ごたえが楽しめます。皮はフリットにしてサラダのトッピングに。「筍のオイル漬け」は、オイルごと玄米ご飯と和えれば、コクのあるピラフのような味わいに。そして新じゃがとあさりはポタージュにし、「ふきのとうのペースト」を好みで混ぜると、こっくりとした大人の味になります。

急な来客やお祝いの席でも、春の保存食が大活躍。そして、白やベージュの淡いトーンの食器やクロスで、新ものの野菜や山菜が引き立つように食卓をセッティングします。

みんなの頬が緩み、会話も弾むといいなあ。

初夏

shoka

鮮やかな若葉が眩しい
生気に満ちた季節のはじまり

恵みの雨が続き、空気に潤いを与えてくれる。
新緑の葉にまとわりついた雫が
私の周りを艶やかに包み込む。
湿った土から勢いよく植物が育まれ
日に日に緑が生い茂る。
光に満ちた日には、小さな虫たちが誕生し
そこかしこと散歩する。

玄関脇のたわわに実った梅のアーチを
毎日くぐる心地よさ。
甘酸っぱい香しい匂いに心躍らせる。

梅の収穫は、我が家の初夏のメインイベント。
愛しい実を一つ一つ集めながら
愛しい人たちにおすそ分け。

この季節に生まれるものは
これから訪れる強い日差しに負けないように
身体を内側から支えて
太陽と仲良くできるようにしてくれる。
豊かな恵みを余すことなく
この季節ならではの保存食を
せっせと仕込みましょう。

家族と一緒に収穫から楽しむ梅仕事

我が家は賃貸ですが、玄関先に大きな梅の木と小さな小梅の木があり、毎日出入りの際に季節の移り変わりを見ることができます。

夏に生い茂った葉が秋に紅葉し、冬に枯れ木になり、春にまたぷっくり芽生える。

そして、この芒種の時季に実り、私たちに恵みを与えてくれる。ちゃんと毎年。

大きな梅の木からは、毎年40kgほどの立派な梅が収穫でき、大きな青梅はシロップにしたり、梅酒にしたり。

刻んで火にかけて煮詰めていくと梅肉エキスが作れます。体調が優れないとき、お腹が痛いときに。また血流をよくしてくれるので肩凝りなどにも効きます。1kgの青梅から20gしかできませんが、体調管理におすすめです。

黄色く熟してきた梅は、甘酸っぱいいい香りが漂い、青梅のシロップや梅酒ともまた違う味わいが広がります。灰汁が少ないので、ジャムなどにも向いています。そして、小梅は塩漬けと紫蘇漬けにするのが我が家の定番です。

梅も実が大きくなると、重くて風や雨で落ちてしまいます。そういう梅は傷んだ部分を取り除いて、ビネガーに漬けたり、醤油に漬けたり……。

余すことなくこの恵みをいただくことが、この家を借りている使命だと、毎年、家族総出で意気込んでいます。

{ *memo* }　口の狭い瓶や壺を使う場合は、塩を重石代わりに使うと便利。２重にしたビニール袋に詰めてギュギュッと押し込むと、きちんと圧が加えられます。

梅酒
recipe _ p.150

完熟梅のシロップ
recipe _ p.150

小梅の紫蘇漬け
recipe _ p.151

切り梅のビネガー漬け
recipe _ p.151

びわ――

初夏の果実を余すことなく使って

昔住んでいた家は、大きな日本家屋の平屋で、庭には山椒や梅の木が生い茂っていました。自分たちだけでは手入れが行き届かず、手を抜けばすぐにジャングル化してしまうほど。勝手口側にはびわの木がそびえ立っていて、葉も立派。さぞかし実もわんさか実るだろうと、初夏が来るのを楽しみにしていたけれど、いっこうに実る気配がありません。

心待ちにしていると食べずにはいられないもの。早速、逗子の市場、通称「レンバイ」に出向きました。そこにあったのは小ぶりのびわがカゴにこんもりと盛られてひと山二百円！　おばさんに話を伺うと、毎年この時季に鎌倉のお屋敷（かなりの豪邸らしい）から連絡をもらい、採らせてもらっているとのことでした。

足早に帰り、一ついただくと、野性味にあふれ、酸味と甘味のバランスがしっかりとしたいい味でした。ひと山しか買わなかったことを後悔。こうして、初夏の楽しみがまたひとつ。

実はコンポートやジャムに。

葉は毎年柔らかいものを刻んで、焼酎に漬け込んでいます。夏に入り蚊が多くなるシーズン、びわの葉からエキスが溶け出し茶色くなると、虫刺されのかゆみ止めに使います。

古くから療法として用いられてきたびわ。何かと万能な初夏の実りです。

{ *memo* }　びわを半分に切って取り除いた種も、ガーゼに包んで一緒に煮込んでください。
種から美味しいエキスが出るので、コンポート液の旨味が増します。

らっきょう——

漬かるまで待てずにひと工夫

家族はらっきょうが好きではありませんが、私は芒種を迎えると、せっせと買い込んでは下処理に励みます。部屋中に、匂いが充満して冷ややかな目で見られても平気。だって大好きなんですもん。らっきょうが食べたいためにカレーを作る。そんなときもあるくらいです。

らっきょうは芽が出やすいので、思い立った日に買いに行き、その日のうちに手早く仕込みます。でも甘酢漬けや塩漬けは、仕込んで味がなじむまでに時間がかかってしまいます。早く食べたい！　そんな待っていられない気持ちを、いつも抱えていました。

それでふと思いついたのが、刻んでしまえば早く食べられるのではないかということ。ピクルスを細かく切った「レリッシュ」というものです。早速、下処理をしたらっきょうを刻んで塩もみし、レリッシュ液に漬け込んでみました。そして一晩寝かせて恐る恐るいただくと……、美味しく出来上がっていました。

カレーにはもちろん、付け合わせやフライのソース、調味料としても大活躍なんです。家族の眉間にシワを作らせていたらっきょうも、食べやすいレリッシュにしてしまえば、いろいろな料理にこっそり忍ばせられて便利です。

{ *memo* }　長く楽しみたいときは、色もきれいな梅酢に漬け込んで。液にしっかり浸かっていれば1年ほど保存できます。

小さな粒に詰まった酸味と甘味の虜

まだまだ細いですが、庭にジューンベリーとブルーベリーの木を植えています。少しずつ実をつけ、赤く染まるのを楽しみにしているのですが、それは私だけではないみたい……。小さな翼の生えたものたちが、こそこそと何やらさえずりながら木の周りで相談しているようです。あの子たちにとっても小さな実は魅力なんですね。

父は大分の山でいろんな植物を育てています。農薬や肥料は使わず、ほとんど不耕起栽培。その理由は、農薬をまくのが面倒だから。何とも、父らしい理由です。受け継いでいる茶畑や果樹園以外にも、海外から種や苗を取り寄せては研究しているようです。ブルーベリーもそのひとつ。何十種類もの品種を取り寄せては、育てているんだそう。ブルーベリーの実は目にいいと言うけど、葉にも何やら効能があるらしく、それを調べたいらしいのです。

果樹園には大きなサクランボの木もあります。小学生のころ、艶々の小さな赤い実の魅力に取りつかれ、大人の目を盗んではまた一つ、また一つと結局1本分食べてしまった。お腹は壊すし、怒られるという散々な記憶が焼きついています。あの木はまだたわわに実っているのかな。いつか父の小さな実で、ジャムやコンポートをたくさん作ってみたいと、思いを巡らせています。

アメリカンチェリーのコンポート
recipe _ p.153

ブルーベリージャム
recipe _ p.153

{ *memo* }　ジャムは果実の重量の30％の砂糖で甘さ控えめに。コンフィチュールのようにサラッとしているので料理の隠し味に使ったり、用途の幅も広がります。

赤紫蘇——

紅色のシロップで夏バテ解消

正直、赤紫蘇のシロップとの出合いはあまりいいものではありませんでした。いただきものだったけど、紫蘇の香りや清涼感がなく、とてつもなく甘くていつまでも口の中に残り、失礼ながら残してしまいました。

それから数年。

敬遠していたシロップでしたが、ある年、夏が来る前にバテてしまい、「赤紫蘇が夏バテにいいよ」と聞いて一念発起の精神でチャレンジしました。

いろんなレシピがありますが、私は甘さすっきり、酸味が効いている方が好きなので、試行錯誤して今の「赤紫蘇のシロップ」(p.154 参照)にたどり着きました。

赤紫蘇は煮過ぎてしまうと苦味が出てしまうので、加熱はさっと短時間で。そして、何より煮出して絞り取った赤紫蘇のエキスにお酢を入れるときの、鮮やかなルビー色に変わるマジックのような一瞬を、毎回喜んでいます。

出来上がったシロップは、夏を乗り切れるように大事に使います。水や炭酸水で割るのはもちろん、少し濃いめに割ったものを凍らせてグラニテにします。凍るまでに2~3回フォークでかき混ぜて空気を含ませてあげると、ふんわり&シャリシャリのデザートが出来上がります。

梅雨時や猛暑のおやつ、食事のお口直し、そしてお風呂上りにぴったりです。

赤紫蘇とヨーグルトのグラニテ
recipe _ memo参照

{ *memo* }　グラニテは、赤紫蘇のシロップ１カップとヨーグルト½カップをよく混ぜ、バットに入れて冷凍庫へ。固まるまでに２～３回、フォークでかき混ぜます。

新生姜――

恋する新生姜と美味しいオマケ

透き通った肌色に明るいピンクの先っぽ。見るからに皮は薄くみずみずしさが伺える新生姜。清潔で凛とした辛味が鼻をくすぐり、ひね生姜とは違う食感や辛味が味わえます。

よく高知産の立派な新生姜をたくさん買い込み、シロップを作ります。

薄くスライスして砂糖をまわしかけ、じっくり染み出す生姜の旨味を上手に使い、ゆっくりと煮込んでいきます。シナモンやカルダモンのアクセントをまとわせ、レモンの酸に反応すれば美しい可憐なピンク色に仕上がります。

まるでレモンに恋した新生姜が、ポッと頬を赤く染めたかのよう……。

作っていて楽しい瞬間です。

エキスを絞り出した生姜から、もう一つ副産物を。薄くひらりひらりとした花びらのような容姿から、さらに水分を抜いて甘い衣を存分にまとわせると、キラキラと輝かしいお茶のおともが出来上がります。お茶の時間がより一層楽しみになる「新生姜の砂糖漬け」(memo参照)。焼き菓子に加えてもアクセントになります。

余すことなく使えて、自家製だからこそできること。おまけがオマケでなくなります。

新生姜のシロップ
recipe _ p.154

{ *memo* }　砂糖漬けは、シロップの生姜を天板に並べ、100℃以下のオーブンでセミドライに乾燥させます。洗双糖をたっぷりまぶし、さらに30℃前後の低温で好みの硬さに。

かたくちいわし——

輝く身にオイルをまとわせて

娘が2歳のとき、都内から逗子に引っ越してきました。計画を立てず、何となく直感で決めたのですが、気づけば早14年。

こんなに長く住むとは想像していませんでした。海も山も近く、そして田舎でも都会でもなく。そんな環境が私たちに合っているのだと思います。

買い物は、食材以外はどこかに出向かないと調達できませんが、季節の食材、特に野菜と魚に関しては、まさにこの地域は最高の旬のものが手に入ります。生魚が嫌いで食べられなかった娘も、今では生が一番好きらしい。

また旬のものは、鮮度がよく安い！

かたくちいわしがひと山百円なんてことも。

さらに、袋に入れてくれるときに、「おまけっ！」とおばちゃんが追加してくれるんです。

いつもありがとう。

いわしは足が早いので、急いで帰って下処理を。

まずその日の夜は、お刺し身やカルパッチョでいただきます。そして残りをアンチョビや「オイルサーディン」にして長く楽しみます。

オイルサーディンはオリーブオイルとにんにくのハーブバージョンと、ごま油、生姜、ねぎ、赤唐辛子で作る和風味の2種類。そんなふうに油や香味野菜を変えるとまったく違う品になります。

オイルもいわしの旨味が染み込んでいるので、ぜひ、調味料として使ってください。

オイルサーディン

recipe _ p.154

{ *memo* }　オリーブオイルの方は、身をほぐしてパスタに加えたりサラダに。ごま油の方は、ご飯に混ぜたり、春巻きの具などにおすすめです。

どくだみ――

憎らしくて可愛い愛しいもの

恵みの雨を受け、緑がうっそうと生い茂る庭の隅々に、白く可憐な花が一斉に咲き乱れようとしています。そして、花の美しさとはかけ離れた、力強い香りがツンと鼻を抜けていく。

今年もやって来たと確信する……。

瞬く間に群生し、抜いてはすぐに顔を出し、抜いてはまた顔を出す。たくましいどくだみと夏はずっと追いかけっこのよう。最初のころはあっさりとこん負けし、後半は囲まれて暮らしていましたが、今ではうらはらの愛しさを知り、待っています。

若く柔らかい葉はきれいに洗い、大きなザルに広げ、カラカラになるまで干します。適度にカットし、フライパンでじっくりと香ばしい香りが出るまで炒り、じっくり煮出してお茶としていただきます。すると、あの独特の香りは何処へやら。優しい飲み物に変身します。十薬と呼ばれているほどですから、身体に効きそうです。

白い花はよく洗って水気をふき、焼酎に漬け込む「どくだみの花の焼酎漬け」に。花のエキスが染み出て茶色く色づいたら花をこし、虫よけスプレーやうがい薬代わりに使います。

何より、花を漬け込んでいる瓶の可愛らしさ、一度味わっていただきたい。

憎み切れないどくだみの生命力は、今年も健在でした。

{ *memo* }　摘んだ花の２～３倍量の焼酎に漬け、茶色く色づいたら花をこします。さらに精製水とはちみつを加えると化粧水に。※肌に合わない場合もあるのでご注意ください。

湿気対策――

梅雨の前にはいつものひと手間を

これがなければ我が家は最高かも。古い家なので四方に窓がたくさんあり、風通しはいいのですが、裏には山がそびえ立ち、海までは7～8分。そう、この地域はどうしても湿気がこもるんです。梅雨時は除湿器をフル稼働させていますが、びっくりするほど水の溜まりも早い。湿気対策、みなさんはどうしていますか?

食材もやはり湿気を吸い込むので、できるだけ乾物やスパイス類は、梅雨前に使い切るようにしようと心がけています。梅雨前の乾物使い切り料理も、なかなか楽しいものですよ。

我が家の場合は、この時季にものをしまい込むとカビの原因になるので、カビがつきやすいものは出しておきます。

例えば木のもの、粉引きの水分の多い器は、オープン棚にしまっています。かごはホコリを取ってから壁に飾ったり、革の靴も靴箱や箱から出しておきます。見栄えはよくないかもしれませんが、我が家では一番効果があるみたい。そして新聞紙を活用し、湿気を吸ってもらいます。

そして干す。何でも干す。年に何度かはソファだって丸ごと。友人にも夫にも「何でも干すよね～」と、あきれられるほど。だってお日様が常に一番だと思っていますから。

バケツ田んぼ

太陽の下ではじめるしめ縄作り

きっかけは、逗子市のエコウィークイベント。無料配布で赤米と黒米の苗をいただき、夫指導のもと、我が家のバケツ二つに植えてみました。

初夏。たっぷりと水をやってみると、一つには水がまったく溜まらない。底を覗くとバケツに穴が。まあマメに水やりすればいいかあ。

盛夏。葉が生い茂り、二つのバケツの成長にも差が出てきました。

初秋。一つはたわわに実り、穴の空いている方は遅れを取ること2週間、やっとたわわに。

はじめの年は収穫、脱穀とがんばってみましたが、今はお正月のしめ縄に（p.137）。不格好なお飾りですが、実り多き年になるよう願い、作っています。

盛夏

seika

サンサンと降り注ぐ日差し
彩り豊かな実りが夏のパレット

夏本番。
近くの海は毎日賑わっている。
夏祭りや花火もあちらこちらで。
ビーサンの日焼けは毎年恒例。
見えないとよく言われるけど
夏生まれの私。
夏休みの宿題を必死に片づけて
お手伝いをがんばって
お誕生日会を開いてもらった思い出も。
いくつになっても、心弾む夏。

サンサンと照らす太陽のもとで育った
旨味がぎゅっと詰まった野菜や果物。
みずみずしい甘味がたっぷりと。
丸かじりしたり、蒸してお塩をパラリ。
夏野菜はやっぱりシンプルが美味しい。

わんさか実るのも夏ならでは。
そんなときはみんなでお手伝い。
小さな手、大きな手
みんなですするとあっという間。
暑い夕暮れ時のひとコマ。

ハーブ――

庭先のフレッシュな香りで涼を楽しむ

大暑を迎えた庭は、芝が見えないほどのどくだみが陣取っています。でも庭の隅っこに目をやると、ハーブもわさわさと負けてはいないよう。ローズマリーも四方八方にぐんぐん伸び、枝も随分太くなっています。育てやすくて一年中楽しめる万能なハーブです。

スペアミントも、わしゃわしゃと旺盛に育っています。ペパーミントより穏やかな清涼感で、心身ともにリフレッシュさせてくれるスペアミント。暑いときには身体を冷やし、寒いときには身体を温めてくれる、優秀なハーブです。

この時季よく作るのは「ミントシロップ」。甘味をつけた水に、スペアミントを漬けておくだけで、すっきりとしたシロップに仕上がります。お茶やジュースに少し加えたり、かき氷にかけたり……。ミントシロップでひと息つくと、身体だけでなく頭もシャキッとしてきます。夏ならではの気分転換。

庭先からちょこっと摘んで、お料理やお菓子にも使います。また、芳香蒸留水（ハーブウォーター）のキットで蒸留水を作り、小さなスプレーに入れて外出先でシュッとひと吹き。マウスウォッシュやデオドラント代わりにしたり……。

古来から受け継がれ、今なお必要な存在。なかなか奥が深く、いろんなハーブで試しています。

ミントシロップ
recipe _ p.155

{ *memo* }　「ミントシロップ」は甘いシロップ液を作り、しっかり冷ましてからミントを枝ごと入れるだけ。一晩置けばシロップ液に爽やかな香りが移ります。

{ *memo* } 生のパイナップルをすりおろして器に入れ、氷を削って「ミントシロップ」(p.155参照)をかけます。好みでミントの葉やレモンを飾ればかき氷に。

枝豆――シンプルに蒸し、漬けておかずの素に

うちの家族は残念ながら、野菜が好物というわけではありません。食べなくても全然平気。「どちらかというと食べたくない」と言われます。困ったものです(笑)。

夫と娘に留守を任せる日の食卓には、緑色のものはまず出ないだろうなあ……。

そんな二人が唯一、取り合いで食べる緑のものが枝豆です。一人はTVを見ながら、一人はビールのつまみに手が伸びる。お弁当にも、ブロッコリーより枝豆がよく入っています。

好みは少し硬めらしい。

我が家では、茹でることもありますが、おすすめはやっぱり蒸したもの。お豆の旨味がぎゅっと凝縮されますからね。

好きなものには娘もお手伝いをかって出ます。枝についているさやを取り、両端を切って塩もみし、産毛をこすり合わせます。蒸気のたっぷり上がった蒸籠で約5分蒸し、風通しのいいところで自然に冷まします。夏の食卓には欠かせません。

二人の好きな野菜なので、保存食も準備しておきます。好物の釜揚げしらすと一緒に、オリーブオイルに漬けるだけですが、しらすの旨味と塩分が合わさり、おかずの素に最適です。

これがあれば、私の留守もちょっと安心。

枝豆としらすのオイル漬け

recipe _ p.155

{ *memo* }　オイルに浸した状態で保存します。パスタはもちろん、冷奴やサラダのトッピングなどにも活用可能。旨味の詰まったオイルごと使ってください。

白桃

上品な香りと繊細な味わいを大人色に

桃は、赤ん坊のような愛おしい存在。見つけるとつい微笑んでしまい、産毛をなでなでしたくなる。頬張れば上品な甘さに、柔らかな口当たり。瞬く間に口の中で果汁が広がります。

娘は皮をむいて丸ごとかじるのが好きらしい。もともと朝食に炭水化物を取らない娘。夏休みの朝食は決まってこれです。食べている姿は、贅沢な餌づけをされた小動物のよう(笑)。本人は大満足なのでよしとしましょう。

桃は、水っぽかったりと当たり外れも結構あります。そういう場合はサラダにしたり、コンポートやジャムにして何か少し手を加えてあげると、また桃の底力が感じられ、輝きます。味がもの足りないものは、酸味やハーブを少しプラスしてコンポートを作り、食後のデザートに。この本では相性のいいハイビスカスと、オレガノやバジルの組み合わせにしてみました。皮ごとコンポート液で煮込んで冷めてから皮をむくと、つるんときれいにむけて艶々に。桃の芳醇なエキスが染み出たコンポート液も余すことなく使えます。

鮮やかに変身した桃は、少し大人の雰囲気に染まりました。

桃とハイビスカスのコンポート
recipe _ p.156

{ *memo* }　コンポート液は、炭酸水で割ったりゼラチンや寒天で固めてゼリーに。凍らせてグラニテにしても美味しいです。

トマト――

完熟の美味しさをぎゅっと凝縮

トマトの旬は、春から夏。

春のトマトは小さいけれど、皮が薄くて上品。生で食べるのに向いています。暑くなるにつれて皮が厚くなり、野性味あふれる味になっていきます。

毎年盛夏には、はちきれんばかりの完熟の加工用トマトを分けていただき、ケチャップやソースを作ります。5kgあったトマトも、ぎゅーっと凝縮して三分の一くらいに。娘の夏休みのお昼にはよく出番がまわってきます。

我が家のエビチリはフレッシュトマトで作ります。湯むきして刻んだトマトに、豆板醤と香味野菜を加えて。さっと火を入れたトマトでさっぱりといただけます。

そのレシピから、新たに「トマト醬」なるものを思いつきました（本書では豆板醬でなくコチュジャンを使いましたが、お好みで使い分けてください）。炒め物にはもちろんですが、煮物やお素麺に少し加えると、酸味と辛味で味に深みが出せます。和えるだけのお手軽料理にもおすすめです。

「セミドライトマトのオイル漬け」も我が家の定番。ミニトマトの旨味がもっと凝縮して、こちらも重宝もの。そのまま食べてもオイルごとパスタに和えても。この前思いつきで作ったのは、セミドライトマトとアボカドのフリット。ジュワッと広がるハーモニーが美味しくて幸せの味でした。

セミドライトマトのオイル漬け
recipe _ p.156

トマト醤
recipe _ p.156

大葉――

お弁当におつまみにうれしい名脇役

大葉は日本の代表的なハーブ。独特の香りは食欲をそそり、栄養価も豊富。何でもかんでも、入れたくなるくらい好きです。

昔住んでいた家には自生していて、夏至のころには庭のそこら中に。使いたいときに使いたいだけ採れるなんて。それは夢のような環境でした。しかし、農薬はもちろん使っていないので、虫もたくさん寄ってきます。美味しいんでしょうね。気づけば葉っぱは穴だらけ。

早く収穫して、使い道を考えなくては……。

まずは塩漬けを。

大葉は洗って汚れを取って水気をふき取り、塩をひとつまみずつまんべんなくふって、重ねていきます。たったこれだけですが保存が利き、大葉の旨味が凝縮してご飯のおともになります。

もう一つはナムル。

これも塩漬けと同じように、ナムルの調味料を1枚ずつ塗っていくだけ。おにぎりに巻くと食欲がないときでも、パクパク食べられます。サンチュに焼いた肉と一緒に巻けば、素敵な晩ごはんに。刻んできゅうりと和えるだけでも、冷えたビールに合うらしいです（呑べえの夫談）。

秋には穂や実もつく大葉。穂は天ぷらにしたり、実は醤油漬けにしたり。こちらも待ち遠しい季節の味です。

大葉の塩漬け
recipe _ p.157

大葉のナムル
recipe _ p.157

{ *memo* } 調味料を合わせるだけなのでとっても簡単。お弁当やおもてなしの席にもおすすめです。多めに手に入ったときに作っておくと便利ですよ。

夏の設え――

涼やかな素材で彩る夏支度

家で仕事をすることが多いこともあり、家の中はいつも快適にしたいと思っています。人によって、過ごしやすさというのは違うかもしれませんが、私の場合はモデルルームのようなシンプルな部屋だと落ち着きません。もちろん、清潔感があるのは前提ですが、愛着のあるものに囲まれた、自分なりの工夫を凝らした部屋が好きなのです。

季節感も大切。

夏には、藍染めの生地をテーブルクロスやラグにしたり、月桃の葉の座布団で涼を演出します。

また、我が家は築40年以上の昔ながらの間取り。仕切りをとっぱらって一つの部屋にし、風通しをよく広く見せるようにしましたが、冷房や暖房が効きづらくて……。

ある夏、原稿書きに集中したく、ふと薄い白いリネンで部屋を囲んで扇風機をまわし、お気に入りのフランスのアンティークグラスで、麦茶を飲みながら仕事をはじめてみました。すると、ふわりふわりとリネンの布が風になびく姿が心地よく、原稿がはかどるではないですか。少し設えを工夫したりすると、新鮮に感じられていいですね。

窓から見える木々の変化と同じように、季節の設えも楽しみたいと思いました。

こうして真夏の原稿仕事は、「リネンで仕切る」がお決まりになりました。

{ *memo* }　ガラスの器は木下宝さんやアンティークのもの。藍染めのラグは鎌倉の「ファブリックキャンプ」で購入。座布団は雑貨屋さんで見つけた沖縄のものです。

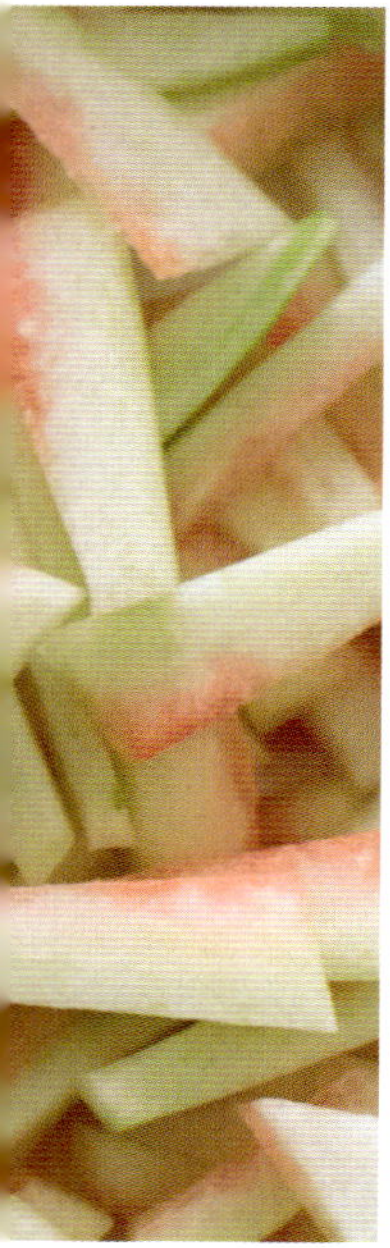

内側から支える夏の身体の整え方

年々、日本の夏は酷暑となり、朝早くから太陽に支配をされる毎日。食いしん坊の私でも、さすがにこの時季は食が進まないこともしばしばです。炭水化物もスルスルと入る麺類ばかりになって、これじゃよくないなあと……。ここ数年、夏の食卓で欠かせないものがあります。3年前、軽い熱中症にかかり、辛くて辛くてしょうがない中、無性にすいかを食べたくなり、買ってきてもらったことがありました。少しずつ頬張ると、生き返ったという のでしょうか。糖分と水分が身体の隅々まで行き渡るような、そんな感覚を覚えました。それから、大きなすいかを買ってきては一口大に切ってお

き、疲れたとき、小腹が空いたときに、口にポンと放り込むようにしています。大きなすいかにはたくさんの皮もついています。この皮にも、かなりの栄養成分が入っているようで、中国では漢方として使われているそうです。

外皮をきれいに取り除いて翡翠色の部分を刻み、塩もみして浅漬けにしたり、和え物にしたり……。

家族は実ばかりですが、毎日実を食べたぶん、皮も食べないとどんどん溜まってしまうので、一人でノルマ達成を目指しています。

香りも色も美味しい夏の食卓

地だことといんげんのトマト醤炒め
recipe _ p.158

枝豆としらすのオイル漬け冷奴
recipe _ p.157

大葉のナムルのおにぎり
recipe _ p.158

すいかの皮のぬか漬け
recipe _ p.158

冬瓜と梅干しのスープ
recipe _ p.158

太陽の恵みを閉じ込めて
賢く美味しく英気を養う

毎日暑いと食欲が落ちて、料理を作る気もなくなります。特に火を使う料理はおっくうになりがち。

それでも、娘の夏休みにはお昼ごはんも用意しなくてはならず、さすがにお素麺ばかりじゃあね。できればキッチンに立つ時間も最小限に。

そんなときこそ、夏の恵みで作った保存食が活躍してくれます。

まず、単調になりがちなおにぎりに「大葉のナムル」を巻くと、暑さで食べにくいご飯も進みます。冷奴には、「枝豆としらすのオイル漬け」をのせるだけ。オリーブオイルのコクでいつもの冷奴とはひと味違う味わいに。地だこといんげんの炒め物は、さっと炒めて「トマト醬」を絡めれば、酸味と辛味で食欲増進です。また、「すいかの皮のぬか漬け」は、箸休めになる立派な一品。きれいに実の赤い部分を取り除いた方が、美味しくできます。最後に「冬瓜と梅干しのスープ」は、梅干しを一緒に加えて煮込むと、すっきりとしたコクのあるスープに。温かいのはもちろん、冷やしても美味しくいただけます。

こうして夏の保存食に助けられながら、日々夏バテ対策。涼やかな器やリネンのテーブルクロスも、暑さを鎮める大切なツールです。

column

季節の美味しい楽しみ方

季節の美味しいものは
ささやかに自分で楽しみ、
我が家を訪れる人たちにも
さり気なくおすそ分け。
気分に合わせた季節の
ウェルカムドリンクに
小さなおやつを添えて。
旬の果物だったら
お料理に使うのも好き。
使い方が広がると
美味しい幸せも増えます。

季節の小さなもてなし

春

甘くてほろ苦い柑橘とハーブで
春らしい香り豊かなおもてなし

オートミールとローズマリーのクッキー
recipe _ p.171

柑橘のはちみつ漬けドリンク
recipe _ p.172

夏

梅シロップでいただくみつ豆で
暑さ鎮める涼菓のもてなし

フルーツみつ豆
recipe _ p.172

びわの葉茶とレモングラス

春夏秋冬を織り交ぜながら、私がよく作りよく食べる簡単なおやつ。
和やかに会話も弾む小さなおもてなし。お口に合えばうれしいです。

秋

芳醇な洋梨の香りに大人のチャイ
エレガントな洋菓子でほっこり

ルイボススパイスチャイ
recipe _ p.172

洋梨のサバラン
recipe _ p.173

冬

濃厚な一粒にこっくり柚子
濃密リッチな冬のおやつ

干し果実のガナッシュ
recipe _ p.173

柚子茶
recipe _ p.173

旬の果物で
さて、もう一品

春

淡白なホタテに
苺の風味と彩りをのせ
春色におめかし

苺、ラディッシュ、ホタテのカルパッチョ
recipe _ p.174

夏

爽やかな梨と夏野菜
シャキシャキと軽やかで
みずみずしく涼やかに

梨ときゅうり、コリアンダーのマリネ
recipe _ p.174

旬がわかりやすい果物は、デザートだけでいただくにはもったいない。
野菜にはない果物特有の甘味や酸味、食感を生かした一品をぜひ。

秋

滑らかな豆腐をまとった
果汁たっぷりのブドウ
独特の甘味が調和する

ブドウと春菊の白和え

recipe _ p.174

冬

サラミとチーズの旨味が
干し柿の甘味を引き立て
りんごでさっぱり

干し柿とりんごの前菜

recipe _ p.175

美味しさを保つ瓶使いのコツ

_用途に合わせて瓶を選ぶ

作るものや分量に合わせて瓶の形や大きさを選び、液漏れしない蓋つきのものを用意しましょう。また、ジャムなど小分けにしたいもの用に、小さな瓶を揃えておくと便利です。

_使う前に瓶を消毒すると安心

瓶と蓋を水から火にかけ、沸いたら10〜15分煮て取り出し、そのまま自然乾燥させます。焼酎を浸したペーパータオルでふくだけでもOK。これで雑菌の繁殖を防げます。

_脱気のひと手間でより長持ち

瓶詰めしたものを熱湯で20〜30分煮沸し、逆さまにして冷ませば長期保存が可能に。また、作り立ての熱々を瓶に詰め、そのまま逆さまにして冷ますだけでも保存性はアップ。

_保存は冷暗所または冷蔵庫へ

瓶に詰めたら基本的には冷蔵庫で保存。脱気で密閉したものなら常温に置いてもOKです。その場合は、直射日光の当たらない冷暗所へ。開封後は冷蔵庫に置いて使い切りましょう。

秋

aki

残暑が落ちつき黄金色に変わる大地
多彩な新のものに胃袋もうずき出す

夏休みが終わり、連日お祭り騒ぎだった
海辺も海の家が取り壊され静寂に……。
ふと空を見上げれば
オレンジ色に染まったうろこ雲。
陽が沈むのが刻々と早くなり
1枚、また1枚と服を重ねる。
そして、キンモクセイが香りはじめたら
ちょっぴり切なくなる秋の訪れ。
夏の余韻に浸るころ、市場には新のもの。
実り多き季節に頬が緩む。
過ぎ去った夏を惜しんでいた私は何処へやら。

胃袋で秋を満喫するために
そそくさと手を動かす。
新米に秋刀魚。
香しいお茶と蒸し上がったばかりの
栗やお芋でおやつもいい。

延びた夜時間。
庭のあちらこちらで、虫たちの合唱。
夜風にススキもそよぎ出し
月明かりがスポットライトのよう……。
秋の夜長の手仕事も、なかなかいい時間。

秋の果物――

芳醇な香りの絵になるものたち

果物も豊作の秋。処暑に入ればお店の果物コーナーは秋色です。そのままパクリと食べても美味しいですが、いろんな食べ方をするのが好きです。

無花果はジャムにします。

私の場合、生だと灰汁が強くてかゆみを伴い、少ししか食べられませんが、ジャムにするとたくさん食べられます。赤ワインとビネガーを加え、デザートのように仕上げるのが好きです。

ブドウは、ここ最近皮のまま食べられるものが増えてきました。大粒で皮がパリッとしているシャインマスカットやロザリオビアンコなど。

甘味が強く香りも豊かで色も魅力的です。

試しにピクルスにして料理の一品に。意外にも箸休め的な役割をしてくれ、お酒も進みそうです。

絵になる洋梨。芳醇な香りが出るまで、好きなお皿に飾って楽しみます。コンポートにして実はもちろん、洋梨のエキスが染み出たコンポート液も利用します。ゼリーにしたり紅茶に入れたり。おやつには、液を染み込ませた「サバラン」(p.85)も。

妖艶な深紅のザクロは、実をはちみつ入りのビネガーに漬けます。少しのオリーブオイルと塩と合わせてドレッシングにしたり、来客の際は炭酸水やお湯で割ってウエルカムドリンクに。

鮮やかなピンク色のドリンクに話しが弾みます。

洋梨のコンポート

recipe _ p.159

{ *memo* }　「洋梨のコンポート」はバニラビーンズで芳醇な香りに。むいた皮もガーゼに包んで一緒に煮込むと、美味しいエキスが染み出て、実もふくよかな味わいに。

{ *memo* }　「無花果のジャム」はドレッシングにしたり、ソテーのソースに使っても。「ブドウのピクルス」はサラダや和え物にもおすすめです。

{ *memo* }　ザクロの実200g、アップルビネガー1カップ、はちみつ100gを保存瓶に入れてよくかき混ぜ、常温に置いてはちみつが溶けたら出来上がり。

栗——

手間暇かけてでも作りたい至福のおやつ

栗きんとん、渋皮煮、モンブラン……。

栗のお菓子には、反応せずにいられません。

私には罪深い食べ物。

その誘惑にあっさり負けてしまう。

食べるのは一瞬、あっという間。だけど栗は手間のかかる食材。でも、あの美味しさをまた味わいたいから、よーしと、今年も張り切ってしまう。


昨年、父の山でかぼすの収穫をしたときに、栗も一緒に拾いました。最近では、猪や鹿がすぐに食べてしまうと聞き、足早に拾いはじめました。

イガイガを片足で押さえながら、実を浮かせて器用に採る父。私たちも負けてはいられません。


努力の甲斐あって猪たちより先に、立派な栗を手に入れることができました。

栗も鮮度が命かもしれません。

採り立ての栗はみずみずしくて皮もむきやすい。

何より虫と遭遇することがないですし……。


この新鮮な栗を、いつでも食べられるようにペーストにしました。

少しの塩を加えると、より栗の甘味が引き立ちます。さらに少しの洋酒を加えると、より深みが増して立派なスイーツになります。

素朴なパンやアイスクリームに添えて。またカシスやベリー類と一緒に食べるのもおすすめです。

{ *memo* }　栗は丁寧に鬼皮と渋皮をむき、柔らかくなるまで茹でます。硬いうちに甘味を加えると、栗の硬さが残ってしまうので、柔らかくなってから甘味をつけましょう。

かぼす――

秋を知らせる父のかぼすで今年は……

処暑に入ると大分に住む父から、予告なく大量のかぼすが届きます。野性味ある容姿は自然に育った証。切ってみると種もたくさん詰まっています。その日の夕飯は必ず秋刀魚。脂ののった身と大根おろしに果汁を惜しみなく搾り、醤油をちょろり。これこれ。今年は何回食べられるかな〜。

いつかかぼすを自分で収穫したいと思っていました。そして昨年、家族で大分を訪れ、ようやく実現することができました。

父の畑は基本、不耕起栽培なので道などありませんが、ド素人の私たちのために、父が半日かけて細い道を作ってくれました。ずんずん入っていく父に遅れを取りながら恐る恐る進むと、姿を現す鈴なりの柑橘たち。かぼすの他にもすだち、柚子、へベス。蚊に刺されながらもなんのその。はじめての光景に夢中で収穫しました。気づけば30分で段ボール2箱に。自宅に送り、来る人、会う人におすそ分け。いつも作るポン酢やはちみつ漬けの他に、レモンカードならぬ「かぼすカード」にも初挑戦。一般的なレモンカードはバターをたっぷり使いますが、私が作るかぼすカードはバター不使用、豆乳で作るさっぱりタイプ。酸味のあるカスタードクリームのような仕上がりで、スコーンやタルトのフィリングにおすすめです。

焼き菓子が恋しい、秋のおやつにぴったりです。

かぼすカード
recipe _ p.161

{ *memo* }　入手したかぼすは、少し置いてから使うと、皮が柔らかくなって搾りやすくなります。熟して果汁もたっぷり取れるのでお試しください。

秋刀魚——

美味しく七変化する秋刀魚の魔法

大根おろしとかぼすが添えられた、焼き秋刀魚しか知らなった幼少期。年を重ねるにつれ、蒲焼きを知り、お刺し身を知り、つみれを知り……。少しずつ秋刀魚のアレンジに興味を持ちはじめました。

「オイル煮」という調理方法を知り、さらにバリエーションが増え、和食のみならず洋風の秋刀魚料理の魅力にも気づきました。

塩をふり、ほどよく水分を抜いた秋刀魚を、たっぷりのオリーブオイルやハーブで、じっくりゆっくり火を入れると、しっとり艶やかな一品に。

いわしのオイルサーディンのように、オイルをごま油に変えれば、ご飯に合うおかずになります。

秋刀魚のエキスが染み込んだオイルもまた、調味料のひとつ。身をほぐしてオイルごと茹で立てのパスタに絡めれば、魚が苦手な小さな人たちも、パクパク食べてくれます。

ごま油バージョンは、ほぐして少しのお醤油をかけ、ご飯に混ぜ込むのもおすすめ。それを握って、おむすびもいいですね。

青くきらめくぷっくりボディに、黄色いくちばし。そして、透き通るお目めの秋刀魚を見つけたならフレッシュな美味しさを閉じ込めるように早速作ってみてください。

{ *memo* }　秋刀魚はオイルで煮込む前に、白ワインとビネガーで1時間ほどマリネしておくと、臭みが消えて身が締まり、煮崩れもしにくくなります。

さつま芋――

家族の思い出がよみがえる愛しい味

困ったときのさつま芋。

夫は好きではないけれど、娘と私は大好き。

いつも常備しているものですが、特に秋のさつま芋には、いろんな思い出が詰まっています。


子供のころの思い出は、通っていた幼稚園でさつま芋掘りの遠足へ行ったときのこと。車酔いがひどくて掘るどころではなく辛かった……。

娘との思い出も彼女が幼稚園で行った芋堀り。そのころワンピースしか着なかった娘が、パンツまで泥んこにしながら、たくさんのさつま芋を持ち帰ってくれました。大学芋やスイートポテトをよく作ってあげたな。


父との思い出は、もちろん父から届く荷物。

安納芋や花粉症に効くシモン芋。そして安納芋より甘いとも言われる大分の名産、甘太など、いろいろと育てては送ってくれます。

たくさん届いたときは蒸かして切り分け、天日に干しておきます。ほどよく水分の抜けたさつま芋は、甘味が凝縮してねっとりとした食感に。

食べたい分だけ少し網にのせて火であぶり、熱々を食べるのが最高に美味しい。


細いのやらコロコロのものやら。

同じ形がふたつとないのが素朴で愛らしい。

だから、思い出すのかもしれません。

干し芋
recipe _ p.162

{ *memo* } 長く干すと硬くなるので、様子を見ながら干しましょう。刻んで蒸しパンやマフィンに入れたり、炊き込みご飯にするもの美味しいですよ。

燻製——

茶葉で飴色に燻す我が家の秋味

秋分を過ぎ秋の空気に包まれると、香ばしいものに惹かれます。夏には進まなかった焼き菓子も美味しく感じ、胃袋にどんどん入っていきます。食事もそう。焼きの強いものやこっくりとしたものを欲してきます。

そんなときは、気軽にできる燻製がおすすめ。我が家では、木のチップではなくお茶っ葉とザラメを使い、古くなったフライパンや鍋で作ります。定番は「ベーコン」。塩とハーブに漬け込んだ豚肉を15分火にかけるだけで、香ばしいベーコンに仕上がります。ベーコンで「美味しい!」と味をしめると、いろいろなものを試してみたくなりますよ。

卵やチキン、ソーセージ。チーズは溶けないプロセスチーズを使ってください。塩をふったサーモンや秋刀魚も美味しいですし、たくあんを燻製にすると、いぶりがっこのような味わいです。

お茶っ葉はほうじ茶や番茶、または紅茶やウーロン茶などを使います。茶葉でも香りが変わってくるので、組み合わせをいろいろ試して、お気に入りのフレーバーを見つけるのもいいですね。台所から香ばしい匂いが漂って来ると、いてもたってもいられない。でも、冷めるまでガマンガマン。香りも食事の大事なスパイスなのです。

チーズと茹で卵の燻製
recipe _ memo 参照

{ *memo* } プロセスチーズは8分、茹で卵は6分、茶葉とザラメを敷いたフライパンで燻します。※燻し方はベーコンの作り方5（P.162）を応用してください。

{ *memo* }　燻製にする前に豚肉を3日塩漬けにし、さらにはちみつとハーブに3日漬けて熟成させます。時間はかかりますが、このひと手間で旨味が凝縮してコクが増します。

ベーコン
recipe _ p.162

お月見——

手作りのお団子でささやかなお飾り

娘が生まれてからでしょうか。暦の楽しみを、自分でもより取り入れるようになったのは。

娘が通っていた幼稚園はお寺の中にあり、季節ごとに日本のいろいろな風習や楽しみ方を、子供たちにも教えてくれました。七夕や節分にはもちろん、私たちも総出でお手伝いをしていました。

そして、毎月のお誕生日会では、その時季に採れたものでみんなの好きなおやつを作り、楽しくお祝いをしました。

よく登場したのはお団子。子供たちでも作れます。いや、子供の方が上手でした。

園の中には泥団子基地があり、泥団子を思う存分作って遊んでいました。小さな手で一心不乱に、つるつるピカピカの泥団子を目指して大奮闘。年長さんが年少さんに作り方を伝授する姿も。大きな泥団子を入れた箱を手に、うれしそうにバスから降りてくる娘の姿をよく覚えています。

我が家のお月見は、とってもささやかです。庭のススキを1本、和田麻美子さんの小さな花器に差し、安藤雅信さんの高台つきの小さな器に、お団子を数個のせるくらいですが、実り多い年になるようにと願って……。

中秋の名月は秋の大事なお楽しみです。

{ *memo* }　醤油、砂糖、水をひと煮立ちさせ、片栗粉でとろみをつけたみたらし団子のタレを作って、食べる際にお団子にかけるのもおすすめです。

秋の衣替え——

苦手な季節は大好きなカシミアをまとって

一日一日と気温が低くなり、朝晩ぐんと冷え込んで、リネンやコットンでは肌寒く感じるように。いよいよ、私の苦手な季節の到来です。寒がりなので、暖かいニットや巻き物は必需品。だけど、ずっしりと目の詰まったニットは重くて肩が凝るため、カシミアのものを愛用することが多くなってきました。

暖かいうえに、柔らかい毛質は柔軟でしっとりとした肌触り。身につけていることを忘れてしまうくらい、うっとり夢心地。

首を温めると寒さが和らぐので、気温が不安定な秋口には、ショールをいつも持ち歩いています。

毎日巻いているくらいのお気に入りは、手織りのカシミアブランド「Tissage」のもの。柔らかな色味ながら、どこか凛とした佇まいは、織り手の理咲子ちゃんそのものです。できた毛玉も愛おしい。

季節の変わり目や汚れたときは、エコベールの「デリケートウォッシュ」で、赤ちゃんを洗うように優しくお手入れしています。

ニットは大きめをざっくり着たい日には、夫のをこっそり借りて。私のものは、このごろ娘がちゃっかり着ています。

すでに身長は抜かれているので、娘のセーターを私が借りる日も、そう遠くはなさそうです。

温めて内から癒す秋の身体の整え方

身体を冷やすものをよく食べていた夏。秋になってもその名残りがなかなか抜けず、疲れが溜まったり、胃腸の調子が優れないことも……。この季節にぎっくり腰が多いのも、夏の冷えが原因のようです。

また、台風など自然界も不安定な天候ゆえ、安定したリズムが取りにくい時季。そういうときは、なるべく身体を温めるものを食べるように心がけます。

身体を温めてくれる米や雑穀、豆なども、ちょうど新のものが出まわりはじめます。どれもじっくり炒ってあげると、香ばしさが旨味となり、料理の仕上がりも早くておすすめなんです。

よく使うのはそばの実と玄米、大豆。

そばの実はスープに入れたり、そば茶にします。玄米もスープはもちろん、サラダのトッピングやグラノーラのように食べても美味しいです。大豆はお米と一緒に炊き上げると、ほくほくと香ばしい炊き込みご飯に。
大切なのは、料理に使う前に弱火でじっくりと焦げないように炒ること。時間があるときにまとめて作り、保存しておくとさっと使えて便利です。
ゆっくりと炒っているこの時間が、心と身体に向き合うための、いい時間になっているのかもしれないですね。

ほっこり 滋味深い 秋の食卓

秋刀魚、舞茸、アーモンドのパスタ

recipe _ p.163

ブドウ、かぶ、焼きなす、ベーコンのマリネ
recipe _ p.164

そばの実と根菜のミネストローネ
recipe _ p.164

秋の深まりを感じる
ふくよかな味覚の競演

実り多き秋は、たっぷりの野菜を使って、滋味深い食卓に。

前菜には、「ブドウのピクルス」や「ベーコン」を使ったマリネを。かぶの食感をアクセントにして、さらにピクルス液を使えば味が引き締まります。一緒に加える焼きなすは、強火で一気に焼くことできれいな翡翠色に仕上がり、食卓を秋らしく彩ります。

メインは「秋刀魚のオイル煮」を使ったパスタ。ほぐした秋刀魚にナッツのコクと食感をプラスして。最近お気に入りのショートパスタ「カゼレッチェ」はロングパスタより伸びにくく、集いの日にも向いています。もちろん、ロングパスタでもよく絡みます。オイル煮のオイルを使えば、秋刀魚ならではのほのかな苦みが加わり旨味もアップ。

秋のミネストローネは、炒ったそばの実とたくさんの野菜をじっくりと炒め煮にすることで、動物性の食材を使用せずとも、コクがありながらも澄んだ味わいに仕上がります。すりおろしたれんこんのとろみと生姜で、身体の内側からほかほか。残ったら翌日の朝ごはんに。前日とは異なるくったりとした野菜も、じんわり染み渡る美味しさ。

食欲の秋。食いしん坊の胃袋を満たしながら、身体もそろそろ冬支度。

冬

fuyu

木枯らしが吹き家ごもり
寒中の手仕事に勤しむ日々

枯れ葉も舞い落ち
身に染みる寒さを感じながら
新しい年への準備。
もうすぐ行く年に感謝して身の周りを清め
来る年がよりよい年になるようにと
準備をする師走。

新年を迎えられたお祝いが終わると
いよいよ静かな季節の訪れ。
深々と降り積もる雪。
朝起きると一面が雪景色。

眠っているかのような山々は水墨画のよう。
鼻先も赤くなるほど澄み渡る空気が
冬景色をより一層凛と見せてくれる。

自然界に生きているすべてものは
もうすぐ巡って来るであろう
温かい日を待ちわび蓄える。
私たちも静かな冬にしかできないことを
ゆっくりと楽しむ。
そうすれば
いつしか身体も心も温まるから……。

味噌作り

今年も美味しくと願う大寒の大仕事

味噌を手作りしだして、かれこれ10年以上経ちます。最初は一人で恐る恐る、作り方を見ながら手探りで仕込みました。こんなに大変とは知らず、ほぼ一日がかりだったことを覚えています。来年はどうしようかな〜と思っていたのですが、出来上がった味噌が美味しくて、今なお大寒のころに大豆と糀を取り寄せて作り続けています。

味噌作りで、みなさんが一番気にしているのはカビ。我が家の味噌にも毎年多かれ少なかれ、カビはついています。

そもそも自然に作ったものは、カビが生えて当然。早めに気づいて、その部分を取り除けば大丈夫です。とはいえ、やはり最小限に食い止めたいので、友人に教わった対策法を実践しています。

カビが生えやすいのは空気が触れる上面。なので、仕込む味噌の上に、板状の酒粕を全面に敷き詰めて味噌を覆います。こうしておくと、カビが生えたとしても酒粕の上の部分だけ。下の味噌には生えません。酒粕もカビがついていない部分と適量の味噌を混ぜて保存すれば、酒粕味噌として汁物や粕漬けなどに使用できます。これもとっても芳醇な香りで美味しいのです。

一度酒粕をのせて味噌を仕込んでみてください。また、気の合う人たちと一緒に仕込むと、とっても楽しいひとときになりますよ。

{ *memo* }　握りこぶし大の味噌玉を作ったら、容器の底めがけて「えいっ！」と投げつけていきます。これで味噌に含んだ空気が抜け、雑菌が繁殖しにくくなります。

味噌
recipe _ p.165

白菜――

漬けて煮込んで冬の味覚を丸ごと堪能

いよいよ冬本番に入る小雪、立派な白菜を見かけるようになります。白菜もまた好きな野菜のひとつ。生でもよく食べるし、とろとろに煮込むのも好きです。特に霜が降りだしたころの白菜は、格別に甘い。昔ご近所さんだったおじさんの手作りシューマイがとても美味しく、聞けば霜に打たれた白菜を使っているとおっしゃっていました。また食べたいな。

荷物が少なく、美味しそうな白菜を見つけたときは、丸々買ってお漬物にしますが、下ごしらえをする前に天日に干すと、より旨味が増します。

まず半分は塩と昆布、柚子で漬けた、いわゆる白菜漬けに。よく漬かって少し酸っぱくなったものは、台湾の酢菜白肉鍋にしたり。

そして、外せないのは「キムチ」。しじみやいりこ、アミの塩漬けや香味野菜にりんごなど。材料はいろいろと使うけれど、やっぱり自分で作ったキムチは旨味たっぷりで、毎年食べたくなる冬のお楽しみです。

漬け込みダレのヤムニョムジャンを覚えておけば、他のお野菜でも作れますよ。

こちらも寝かせていくと酸味が増し、ごま油で炒めると、さらにコクがアップ。

寒い季節にうれしい鍋料理にも大活躍です。

{ *memo* } 同じ漬け込みダレで、旬を迎えるかぶや大根などを漬けても美味しくできます。
また、キャベツも美味しそうなので試してみようと思います。

大根

干せば用途も広がる万能選手

師走になると、いつもより大きな大根が出まわりはじめます。

そう、三浦大根です。土地柄、二百円とか三百円で、私の足のように立派。葉もふっさふっさなものが手に入ります。

包丁で切るとそのみずみずしさにうれしくなり、大根おろしにして地物の釜揚げしらすに和えたり、煮物やおでん、麻婆大根も作ります。

風邪やのどが痛いときは、切った大根をはちみつに漬け、染み出たエキスを薬代わりにいただきます。

それでもちょっと余ってしまうときは……

千切り大根にして干しておきます。

干した大根は栄養価もぐんと高くなり、また生とは違った食感もたまりません。葉も刻んで干しておくと、少し緑のものが足りないときに、さっと戻して使えて便利です。虫食いのひどい葉は刻んで干し、ガーゼに包んでお風呂に入れます。身体を温めるだけでなく、皮膚に膜を作って保温効果も期待できるので、ぜひお試しください。

最近ではいろいろな種類の大根を見かけます。中でも紅芯大根は、外の黄緑色からは想像できないほど、中が鮮やかなピンク色。薄くスライスし、割り干し大根にするのもいいですよ。色が沈みがちな冬の食卓を華やかに彩ります。

{ *memo* }　大根は千切りに、葉っぱはざく切りにして水気をふき取り、ザルに広げて１週間ほど天日干しにします。夜露に当たらないよう夜は取り込んでください。

冬の柑橘――

コトコト煮込んで輝く冬の宝石

手軽に食べられるみかんは、毎日の食後とお風呂上がりの密かな楽しみです。娘が小さいころ、手足が黄色くなって病院に連れて行くと、「みかんの食べ過ぎ」と言われたほど、娘も大好き。二人とも、酸っぱさが勝っている小振りなみかんが、毎日欠かせません。無農薬のものであれば、皮を細かく刻んで陳皮を作り、トッピングや七味唐辛子に。

金柑も大好き。このごろは甘くて食べやすい温室栽培も増えていますが、野性味あふれる自然のもののの方が、酸っぱくってほろ苦くて私好み。種が多く皮も硬めですが、生の場合は薄くスライスしてサラダに加えても美味しいです。

コンポートも毎年たくさん作ります。白ワインたっぷりのコンポート液でコトコト煮込むと、ヨーグルトやガトーショコラにもよく合います。

柚子も大好き。マーマレードにして、煮込み料理やドレッシングの調味料として、またお湯で割って柚子茶にしたりスコーンに混ぜ込んだりと、幅広く活用します。美味しくするには、皮を煮て水にさらすことを繰り返し、丁寧に灰汁抜きすること。また砂糖を加えるタイミングも大切で、皮を柔らかく煮込んでから入れないと、しっとり柔らかく煮えません。

こうして、キラキラ眩しく出来上がったマーマレードとコンポートは、ひと手間かけた証です。

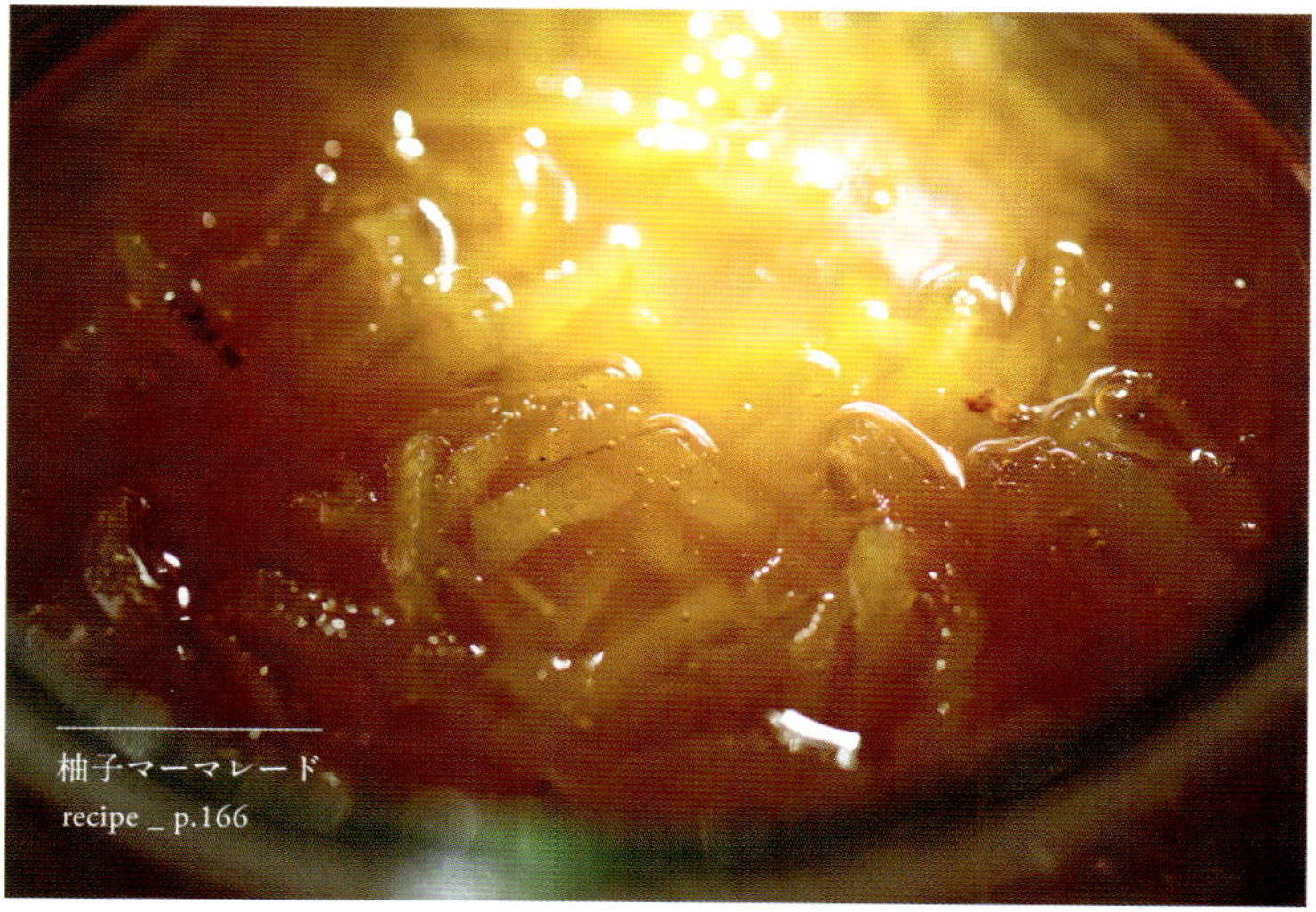
柚子マーマレード
recipe _ p.166

金柑のコンポート
recipe _ p.167

柿——

澄み渡った冬空が濃厚な甘味を作り出す

柿は甘味や柔らかさによって楽しみ方が七変化する食材。大人になってから、その奥深さがわかりはじめた果物です。みかんに比べると登場回数は少ないけれど、何だかほっとけない存在です。

カラスも取らない渋柿さえ、美味しく変化させてしまうのだから、昔の人の知恵は素晴らしい。

早速、今年も渋柿を手に入れて、「干し柿」を作ってみました。吊るされた柿の姿も愛らしく、大分の山奥にあったおばあちゃん家を思い出します。

幾分乾燥してきたら、優しくもんであげると甘味が全体的にまわるそうです。

あともう少しすると出来上がりそう……。

はじめて作った干し柿は、大事に保存して少しずついただきました。

お茶請けに丸々一個は至福の時間。

ねっとりした食感と自然の甘味は、刻んでなますに入れたり、チョコレートと混ぜ込んでスコーンを焼いたりと、アレンジも楽しめます。

都会でも手に入りやすい甘柿も干し柿に。さすがに丸々一つ干すのはカラスに狙われてしまうので、スライスして天日干しに。はじめて作ったときは、リスに全部取られて残念な結果だったな。

今はその教訓を生かし、干物のようにネット状のものに入れて、厳重に干しています。

{ *memo* }　皮をむいた渋柿を焼酎または熱湯に浸し、紐に結びつけて軒先に２週間ほど吊るします。雨や夜露が気になる場合はその都度取り込み、室内に干しましょう。

お歳暮——

贈る相手を思いながら手を動かす喜び

今年もたくさんの方と仕事でも私用でもお会いし、お世話になりました。

このような仕事をしていると社交的で、きっとたくさんの交流があると思われがちですが、なんのなんの。人見知りで緊張しがち、なかなか自分から声をかけることができません。かなりの慎重派。しかも家が大好きのインドア人間。気づけば家族以外と喋っていない日もしばしば。

ですが、いいご縁に恵まれて、出会う人出会う人が、優しく私の心を解きほぐしてくれます。

そして刺激をいただき、私もがんばらなくてはと、奮い起たせてくれるのです。ありがたいことです。

小雪のころ、1年の感謝を込めて……。

贈る相手を思い浮かべ、手を動かすことが私にできること。少しばかりのおすそ分けという形で、手作りのものをお歳暮としてお渡ししています。

忙しい師走のホッと息つく合間に手を伸ばせるような、日持ちするものを選びます。

今年は自然栽培で大切に育てられた青森の紅玉を、干して洋酒に漬け込んでケーキとチップスに。

想いを込めながら作ることは、自分にとってもご縁に感謝できる大切な時間。そして美味しいものがまた、素敵なご縁を結んでくれます。

来年もまた、どうぞよろしくお願いします。

干しりんごとクランベリーの焼き菓子
recipe _ p.167

ほおっておくだけの夢のアラジン料理

ストーブ時間――

お湯を沸かすときは蓋を開け、湯気で部屋中を潤わせて。ホイルでさつま芋を包めば、焼き芋だってできちゃう。コトコト煮込むお豆やスープもお得意。見ているだけで温かい気持ちに。

朝起きたら真っ先に火をつけて、家族の朝食やお弁当を作っている間に、自分用の朝ごはんをストーブの上にセットすることも。小さな鍋に1人分のスープ、その上に手のひらサイズの蒸籠。カンパーニュと野菜を入れておけば、みんなを送り出した後に、ほかほかの朝ごはんがいただけます。

我が家にはなくてはならない冬の調理器具。色白のアラジンちゃんです。

いつかアラジン料理の本なんて……。

いつか我が家にと思っていたアラジンのストーブ。毎年そう思いながら、いつの間にか春を迎えていました。

ある日、「夫が灯油の匂いがダメで。よかったら、たまさん家で使わない？」と、うれしい一報をいただき、見せてもらったのがこの年季の入ったクリーム色のアラジン。現行のものよりかなりシンプルでそぎ落とされた感じ。とても素敵でした。古いものながら手入れがちゃんと行き届いていて、ふたつ返事で譲り受けました。

それから5、6年。今でも立派に現役です。

暖を取るだけでなく、調理道具としても活躍中。

{ *memo* }　左上の写真が１人分の朝ごはんセット。スープを入れた小鍋に蒸籠を重ねておくと、温まったスープの蒸気でパンや野菜が美味しく蒸せます。

お正月準備──

ささやかに祝う我が家の行く年来る年

クリスマスの喧騒も終わり、冬休みに入った家族と大掃除。これを機会に、いるものといらないものを改めて確認します。

新年を新しい気持ちで迎えられるように、今年も無事に終われることに感謝し、隅々までお掃除。

一年の汚れが取れたなら、新年を迎える準備。

バケツ田んぼ（p.60）で育てた稲を、自己流の簡単なものですがしめ縄にし、赤と白の水引きを結びます。一夜限りにならないように、今年最後の大安の日を選び、松飾りと一緒に飾ります。

鏡餅は手のひらサイズ。横須賀の今はなきアンティークショップ「二季」でひと目ぼれした小さな木の器に、小さな丸餅と小さな柚子をのせたもの。

この世に一つしかないであろう愛らしい器に、乾燥した空気でどんどんひび割れていく鏡餅。

鏡開きには、小豆を炊いておぜんざいにするのも楽しみです。

いよいよ大晦日。新年まであと一日。

買い物は前日までに済ませておきます。おせちの下ごしらえが終わったら早めにお風呂に入り、年越しそばと天ぷらをゆっくりといただきながら、一年を振り返るのがいつもの過ごし方。

年末の疲れが出るのか、除夜の鐘が聞こえるころには夢心地になる年もしばしば。

新年を迎える準備ができたなら、行く年にお礼を。

我が家のお雑煮

recipe _ p.168

元旦。

家族が起きる前に身なりを整え、清々しい気持ちでお雑煮とおせちをこしらえます。

お雑煮は昆布とかつおの出汁に、焼き餅と鶏肉、野菜、はんぺんが我が家流。家族はお餅があまり好きではなく、お雑煮のお餅は一つずつで満足。

そしておせちは、夫は二日から仕事はじめ、娘は漆アレルギーで重箱が使えないため、大皿にどーんと1日分が我が家流。瀬戸の石皿が活躍してくれます。

エビにブリの照り焼き、筑前煮。松風焼きは夫の実家ではじめて出合いました。田作りはクルミを加えて香ばしく。そしてなますは私の大好物。丼いっぱい作ります。百合根きんとんは甘さとほろ苦さが大人の味。最後のメに取っておきます。

元日限りのお正月気分。

お腹がいっぱいになったら、さあ初詣へ。

{ *memo* }　おせちの紅白かまぼことお雑煮の梅花はんぺんは、鎌倉の老舗「井上蒲鉾店」のものと決めています。味わい深くて特別感があり大好きです。

先まわりで薬いらず冬の身体の整え方

深々と寒さがこたえる大寒、苦手な季節です。

毎年いかに身体を温めるかを考え、風邪をひかないようにと心する。

家族はみな免疫力があるのか、インフルエンザにかかったことはほとんどないけれど、娘の高校受験のときには、やはり気にかけてうがいや手洗いなどをいつも以上に徹底しました。

実践したのは緑茶うがい。緑茶が菌が入るのをバリアしてくれ、のどもすっきりします。私はカフェインアレルギーのため飲用することはできないけれど、父の栽培するお茶をうがいで贅沢に使わせてもらっています。

のどはみんな弱く、私は扁桃腺持ち。

りんごの葛湯
recipe _ p.169

乾燥するとすぐのどを痛めます。悪くなる前に、小さく刻んだかりんをはちみつにじっくり漬け込んだ「かりんのはちみつ漬け」をひとなめ、ふたなめ。のどにピタッとひっついて潤い、すぐに痛みが和らぎます。

葛は身体を温めてくれる陽性の食品。りんごジュースを温めて葛粉でとろみをつけ、生姜を少し加えれば、ぽかぽかの飲み物に。娘のお気に入りで、我が家の冬の定番です。

今年も薬に頼らず、寒い冬を乗り切りたいですね。

囲んで寄そって冬の食卓

鶏肉とキムチの鍋
recipe _ p.169

カリフラワーと生海苔のナムル
recipe _ p.170

紅芯大根とスモークサーモンの甘酒マリネ
recipe _ p.171

干し野菜饅頭
recipe _ p.170

わいわい語らう友人たちと
温かな湯気に包まれて

年末年始は何かと人と集まることが多くなります。外の凍てつく寒さで縮こまった身体を、温かいお鍋でもてなしましょう。

我が家の定番はキムチ鍋。ひと手間かけて作った自家製キムチと、骨つきの鶏肉の旨味で出汁いらず。とろとろになった下仁田ねぎや、シャキシャキのごぼうとせりもアクセントに。〆にはうどんや卵を落とした雑炊を。わいわいと食べ終わるころには、身体も汗ばむくらいです。

鍋は十分ボリュームがあるので、箸休めや口直しになるものを少しずつ。鮮やかなピンクの紅芯大根は甘酒と柚子と和え、即席のあっさりべったら漬けのようなマリネに。甘くてほくほくとした食感のカリフラワーは、珍しく家族の好物。いつもはフリットやくたくたに煮てスープにしますが、さっと蒸して海苔と和えれば、お酒が進む一品に。

そしてお日様をたくさん浴びた干し野菜。シャキッとする程度に戻し、大きめの皮で包んで焼き饅頭に。手作りの皮がないときは、鎌倉の「邦栄堂製麺所」のものを使います。モチモチです。

鍋を囲む食卓は湯気もまた調味料。

そして、誰かと食べるごはんは何よりのご馳走です。

暦の手仕事
レシピ集

〈使い方〉

- 材料は、特に表示のない場合は「作りやすい分量」です。
- 計量単位は、大さじ1＝15㎖、小さじ1＝5㎖、1カップ＝200㎖です。
- EXVオリーブオイルの「EXV」は、「エキストラバージン」の略です。
- 火加減は、特に表示のない場合は中火です。
- レシピ上、通常の下ごしらえは省略しています。
- 「保存」の期間は、あくまで目安です。
- 保存瓶は使用前に消毒処理してください（p.88参照）。

春

苺、レモン、バニラのシロップ

photo_p.19

○保存／冷蔵で約2週間

●材料と作り方

苺……2パック（500g）
レモン（無農薬）……1個
バニラビーンズ……$\frac{1}{2}$本
洗双糖……250g
（苺の重量の50%）

1 苺はヘタを取り、四等分に切る。レモンは薄切りにし、バニラビーンズは縦半分に切る。

2 保存瓶に苺、レモン、洗双糖の順に$\frac{1}{3}$量ずつ重ねて層にし、上からバニラビーンズを刺して蓋をする。

3 **2**を毎日揺するかスプーンでかき混ぜ、10日〜2週間置く。洗双糖が溶けて苺がしぼんだら実をこし、シロップだけにして保存する。

苺とバルサミコ酢のジャム

photo_p.19

○保存／冷蔵で約2週間

●材料と作り方（400㎖分）

苺（小粒）……2パック（500g）
洗双糖……200g
（苺の重量の40%）
ホワイトバルサミコ酢……大さじ2
ローズマリー……1枝

1 苺はヘタを取り、鍋にすべての材料を入れて混ぜ合わせ、そのまま洗双糖が溶けるまで1〜2時間置く。

2 **1**を強火にかけ、灰汁を丁寧に取りながら炊く。⅓量まで煮詰まり、全体がとろっとしたら出来上がり。

ふきのとうのペースト

photo_p.21

○保存／冷蔵で約2週間

●材料と作り方

ふきのとう……15個
にんにく……2かけ
塩……小さじ⅓
EXVオリーブオイル……1・½カップ

1 ふきのとうは乾いた包丁で手早く粗みじんに切る。にんにくも粗みじん切りにする。

2 フードプロセッサー、またはミキサーにオリーブオイル以外の材料を入れ、滑らかになるまで攪拌する。

3 **2**を保存瓶に入れて平らにならし、オリーブオイルを注いでペーストをしっかり浸す。※使用してオイルが減ったらオイル（分量外）を足す。

花わさびの醤油漬け

photo_p.21

○保存／冷蔵で約10日

●材料と作り方

A 酒……大さじ4
　薄口醤油、みりん……各大さじ2
花わさび……200g

1 Aの材料を鍋に入れて火にかけ、ひと煮立ちさせて冷ます。

2 花わさびは4㎝長さに切り、80℃ほどのたっぷりの湯にさっとくぐらせ、ザルに取って水気を絞る。※熱湯で茹でると辛味が飛んでしまうので注意。

3 **2**をすぐに保存瓶に入れ、冷めたら**1**を注ぎ、冷蔵庫に一晩置く。

ひなあられ

photo_p.23

●材料と作り方

切り餅……6個
揚げ油……適量
青海苔、桜エビ……各適量

塩、醤油……各少々

1 餅は1cm角に切ってザルに並べ、2日ほど天日干しする。

2 **1**の水分が抜けて乾いたら、中温の油に入れ、約5分揚げる。ぷっくり膨らみ、花が咲いたようになったら取り出して油をきる。

3 熱いうちに、半量に塩と青海苔をふりかけ、残り半量にみじん切りにした桜エビと醤油をかけて混ぜる。

桜の塩漬け

photo_ p.25

○保存／冷蔵で約2年

●材料と作り方

八重桜の花びら……200g

塩……40g

白梅酢（または赤梅酢）……¼カップ

1 桜は洗って水気をふき取る。

2 容器に**1**と塩を入れ、よく混ぜてラップで表面を覆い、上から400g程度の重石をして一晩置く。

3 **2**の水気を絞って容器に戻し、白梅酢を入れて再びラップで覆い、重石を半分にして2〜3日漬ける。

4 **3**をザルに広げて乾燥するまで2〜3日天日に干し、桜が漬かる程度の塩（分量外）と一緒に保存瓶に入れる。

桜のおこわ

photo_ p.25

●材料と作り方（4人分）

白米、餅米……各1合

昆布……5cm角1枚

桜の塩漬け（上段参照）……20g

〈飾り用〉

桜の塩漬け、菜の花……各少々

1 白米と餅米は洗い、ひたひたの水に1時間ほど浸けておく。

2 昆布は300mℓ、桜の塩漬けは60mℓの水（各分量外）に浸けて戻す。

3 **1**をザルに取って水気をきり、炊飯用の鍋に入れる。**2**を水ごと加えて混ぜ、蓋をして強めの中火にかける。沸騰したら弱火にし、水分がなくなったら火を止めて15分蒸らす。

4 **3**を切るように混ぜて器に盛り、飾り用の水で戻した桜と、さっと茹でた菜の花を散らす。

筍の水煮

photo_p.29

○保存／冷蔵で約3日

●材料と作り方

筍（新鮮なもの）……1本
米ぬか……ひとつかみ
赤唐辛子……1本

1 筍は先端の硬い部分を包丁で斜めに切り落とし、次に垂直に皮に切れ目を入れる。

2 大きな鍋にすべての材料を入れ、かぶる程度の水（分量外）を注ぎ中火にかける。沸騰したら火を弱めて重めの落とし蓋をし、1kg弱の筍は2時間ほど、それ以上なら3時間ほど茹でる（茹で汁が減ったら水を足す）。筍に竹串を刺し、中心まですっと通れば火を止め、そのまま一晩置く。

3 筍についたぬかを洗い落とし、皮をむいて使いやすい大きさに切り、保存容器に茹で汁ごと入れる。※汁に浸かっている状態で保存する。

筍のオイル漬け

photo_p.29

○保存／冷蔵で約1カ月

●材料と作り方

筍の水煮（上段参照）……300g
にんにく……1かけ
塩……小さじ1/2
イタリアンパセリ、木の芽……各お好みで
赤唐辛子（小口切り）……2〜3切れ
EXVオリーブオイル……適量

1 筍は2〜3㎜厚の食べやすい大きさに切り、水気をしっかり取る。できれば半日ほど天日干しする。

2 保存瓶に**1**、皮をむいて潰したにんにく、塩、刻んだイタリアンパセリ、木の芽、赤唐辛子を入れ、中身がかぶる程度のオリーブオイルを注ぎ、冷蔵庫に一晩置く。※油に浸かっている状態で保存する。

うどの皮のフリットとルッコラのサラダ

photo_p.34

●材料と作り方（2〜3人分）

ルッコラ……適量

うどの皮……1本分
薄力粉……大さじ1
揚げ油……適量
A　EXVオリーブオイル、
　　白ワインビネガー……各適量
塩……少々

1　ルッコラは冷水に5分浸けて水気をきり、食べやすい大きさにちぎる。
2　うどの皮は細切りして薄力粉をまぶし、中温に温めた油で2～3分カラッっと揚げ、油をきる。
3　器に**1**と**2**を盛り、Aをまわしかけて塩をふる。

うど、新玉ねぎ、夏みかんのマリネ

photo_p.35

●材料と作り方（2～3人分）
うど……1本
新玉ねぎ……½個
夏みかん……1個
白ワインビネガー、EXVオリーブオイル……各大さじ1・½
塩……少々

1　うどは3～4cm幅に切り、皮をむいて薄切りにし、酢水（分量外）に5分ほどさらして水気をふき取る。新玉ねぎは薄くスライスし、夏みかんは薄皮をむいて実を大きめにほぐす。
2　ボウルにすべての材料を入れ、手でよく和える。

あさりと新じゃがのポタージュ

photo_p.35

●材料と作り方（2～3人分）
新じゃが芋……2個
新玉ねぎ……1個
EXVオリーブオイル……大さじ2
あさり（砂抜きしたもの）……300g
白ワイン……¼カップ
水……1・½カップ
塩、こしょう……各少々
ふきのとうのペースト（p.146参照）……適量

1　新じゃが芋、新玉ねぎは皮をむいて薄切りにする。
2　鍋にオリーブオイルを中火で熱し、**1**を加えて炒める。玉ねぎがしんなりしたらあさり、白ワインを加えて蓋をし、5分ほど蒸し煮にする。水を加えて蓋をし、弱火で約10分煮込み、あさりを取り出す。

3 ミキサーに**2**を入れ、滑らかになるまで攪拌する。再び鍋に戻したら塩、こしょうで味を調え、温め直して器に盛る。ふきのとうのペーストをのせ、オリーブオイル（分量外）をまわしかける。

筍の玄米ピラフ

photo_p.35

●材料と作り方（2〜3人分）

玄米ご飯（炊き立て）……2合分
筍のオイル漬け（p.148参照）……適量
塩、こしょう……各少々

1 玄米ご飯に筍のオイル漬けを加える。様子を見ながら筍のオイル漬け、塩、こしょうを加えて混ぜる。

初夏

梅酒

photo_p.42

○保存／常温で長く持つ

●材料と作り方

青梅……1kg
きび砂糖……500g
ブランデー……1.8ℓ

1 梅は水に2〜3時間浸けて灰汁を抜き、ザルに上げる。竹串でヘタを取り、清潔な布巾で水気をふき取る。

2 消毒した保存瓶に梅の$1/3$量を入れ、その上にきび砂糖を$1/3$量加える。この作業をあと二回繰り返し、ブランデーを注ぎ入れる。蓋をして冷暗所に置き、3カ月後から飲みごろに。

完熟梅のシロップ

photo_p.42

○保存／常温で約1年

●材料と作り方

完熟梅……1kg
砂糖（好みのもの）……800g〜1kg

1 梅は流水に浸けて洗い、水気をふき取る。竹串でヘタを取り、全体に穴を空け、保存袋に入れて凍らせる。

2 消毒した保存瓶に凍った梅と砂糖を少しずつ交互に入れ、蓋をして冷暗所に置く。

3 砂糖が溶けるように毎日瓶を揺すり、発酵しないよう時々蓋を開けて中を確認し、砂糖が溶けたら出来上がり。

小梅の紫蘇漬け

photo_p.43

○保存／常温で約1年

●材料と作り方

小梅……1kg
焼酎……大さじ4
塩……140g
赤紫蘇……200g
塩（紫蘇漬け用）……40g

1 小梅はよく洗い、水気をよくふく。楊枝などでヘタを取り、ボウルに入れて焼酎をまぶし消毒する。

2 消毒した保存容器に小梅、塩の順に1/3量ずつ入れる。この作業をあと二回繰り返して表面をラップでぴっちりと覆い、カビがつかないよう容器の内側をきれいにふく。梅の2倍量の重石をして蓋をし、蓋ができない場合は新聞紙をかぶせて紐でくくり、冷暗所に4～5日置く。

3 蓋を取り、梅酢が上がり完全に小梅が浸かっていたら重石を半分に減らす。※この状態で塩漬けとして食べられます。

4 紫蘇漬けを作る。赤紫蘇の葉をよく洗って水気をふき取り、塩でしっかりともんで硬く絞り、灰汁を抜く。

5 **4**を**3**の小梅の上にまんべんなく広げ、再度ラップで覆い重石をする。蓋をして冷暗所に置き、1カ月後から食べごろに。※長く持ちますが、どんどんしょっぱくなるので、1年くらいが美味しくいただける目安。

切り梅のビネガー漬け

photo_p.43

○保存／常温で約1年

●材料と作り方

切り梅（傷んだ部分を除いたもの）……500g
白ワインビネガー（またはアップルビネガー）……2・1/2カップ
洗双糖……300g

1 消毒した保存瓶にすべての材料を入れて蓋をし、冷暗所に置く。洗双糖が溶けたら食べごろに。※液に浸かっている状態で保存する。

びわのコンポート

photo_ p.45

○保存／冷蔵で約2週間

●材料と作り方

びわ……10個（約300g）
洗双糖……60g（びわの重量の20％）
はちみつ……30g（びわの重量の10％）
白ワイン……½カップ
水……1カップ
レモン果汁……1個分

1 びわは縦半分に切って、種を取り出し、種はガーゼに包んでおく。

2 鍋にレモン果汁以外の材料を入れ、中火にかける。沸騰したら弱火にして灰汁を取り、ペーパータオルを落とし蓋のようにかぶせる。約10分煮てレモン果汁を加え、そのまま冷まし、煮汁に浸けて保存する。

らっきょうの梅酢漬け

photo_ p.47

○保存／常温で約1年

●材料と作り方

らっきょう……500g
塩……小さじ1
梅酢……1・¼カップ
本みりん……½カップ

1 らっきょうは根と芽を少し切り、薄皮をむいてよく洗い水気をふき取る。

2 **1**をボウルに入れ、塩を加えてよくもみ、1時間置く。出てきた水分をふき取り、保存容器に入れる。

3 **2**に梅酢と本みりんを注ぎ入れてよくかき混ぜ、冷暗所に置く。2週間後から食べごろに。
※液に浸かっている状態で保存する。

らっきょうのレリッシュ

photo_ p.47

○保存／冷蔵で約1カ月

●材料と作り方

らっきょう……500g
塩……小さじ1
〈レリッシュ液〉
白ワインビネガー、水……各1カップ
洗双糖……大さじ3〜4
塩……小さじ⅔
ローリエ……1枚
赤唐辛子（小口切り）……3〜4切れ

黒粒こしょう……20粒

1 らっきょうは根と芽を少し切り、薄皮をむいてよく洗い、水気をふき取る。

2 **1**を1cm幅程度に刻んでボウルに入れ、塩を加えてよくもみ1時間置く。出てきた水分を両手でよく絞り、保存容器に入れる。

3 鍋にレリッシュ液の材料を入れてひと煮立ちさせ、粗熱を取る。

4 **2**に**3**を注ぎ冷蔵庫に一晩置く。

※液に浸かっている状態で保存する。

ブルーベリージャム

photo_p.49

○保存／冷蔵で約2週間

●材料と作り方

ブルーベリー……300g
洗双糖……90g
（ブルーベリーの重量の30%）
シナモンパウダー……小さじ1〜2
レモン果汁……1個分

1 鍋にレモン果汁以外の材料を入れてよく混ぜ合わせ、ブルーベリーから水分が出るまで1時間ほど置く。

2 **1**を弱火にかけ、ブルーベリーを潰さないように灰汁を取り、少しとろみがつくまで煮る。レモン果汁を加えてひと煮立ちさせ、火を止めてそのまま冷ます。

アメリカンチェリーのコンポート

photo_p.49

○保存／冷蔵で約2週間

●材料と作り方

アメリカンチェリー……400g
洗双糖……100g
（チェリーの重量の25%）
赤ワイン……1カップ
水……½カップ
レモン果汁……1個分

1 チェリーは半分に切って種を取り出し、種はガーゼに包んでおく。

2 鍋にレモン果汁以外の材料を入れてよく混ぜ合わせ、チェリーから水分が出るまで1時間ほど置く。

3 **2**を強めの中火にかけ、灰汁を取りながら少しとろみがつくまで約3〜4分煮る。レモン果汁を加えてひと煮立ちさせ、火を止めてそのまま冷まし、煮汁に浸けて保存する。

赤紫蘇のシロップ

photo_p.51

○保存／冷蔵で2～3カ月

●材料と作り方

赤紫蘇……200g
水……4カップ
洗双糖……3/4カップ
はちみつ……1/4カップ
酢（またはレモン果汁）……1/2カップ

1 赤紫蘇は葉を摘み、よく洗ってザルに上げ、水気をしっかりときる。

2 鍋に水を入れて沸かし、赤紫蘇を加えて上下に混ぜながら2～3分煮る。色が出たらザルに上げ、葉をぎゅっと押してエキスを絞る。

3 **2**のエキスを鍋に戻し、洗双糖、はちみつを加える。中火で2～3分、灰汁を取りながら煮て火を止める。

4 **3**に酢を加え、よく混ぜて冷ます。

新生姜のシロップ

photo_p.53

○保存／冷蔵で約1カ月

●材料と作り方

新生姜……300g
洗双糖……150g
水……2カップ
シナモンスティック……2本
カルダモン……6個
レモン果汁……1/2カップ

1 生姜は薄切りにする。

2 鍋にレモン果汁以外の材料を入れてよく混ぜ合わせ、生姜から水分が出るまで30分～1時間置く。

3 **2**を弱火にかけ、灰汁を取りながら20分煮込み、レモン果汁を加えてひと煮立ちさせる。そのまま冷ましてザルでこし、生姜をお玉の背などで押しながらエキスを絞る。

オイルサーディン

photo_p.55

○保存／冷蔵で約2週間

●材料と作り方

〈ベーシック味〉
かたくちいわし……20尾
塩……適量
A にんにく（薄切り）……1かけ分
　赤唐辛子（小口切り）……3～4切れ

ローリエ……1枚
EXVオリーブオイル……いわしが浸かる量

〈和風味〉
かたくちいわし……20尾
塩……適量
B 生姜（薄切り）……1かけ分
長ねぎ（青い部分）……1本分
ごま油……いわしが浸かる量

1 いわしは頭と内臓を除き、きれいに洗って水気をふき取る。全体に薄く塩をふって15分ほど置き、出てきた水分をしっかりふき取る。
2 バット2つ（直火OKのもの）にいわしを20尾ずつ並べ、AとBをそれぞれ入れて、極弱火で15～20分煮る。
※油に浸かっている状態で保存する。

盛夏

ミントシロップ

photo_p.65

○保存／冷蔵で約1週間
●材料と作り方
水……1・½カップ
はちみつ……大さじ2
きび砂糖……100g
スペアミント……3～4本

1 水、はちみつ、きび砂糖は鍋に入れ、ひと煮立ちさせて冷ます。
2 保存瓶に**1**とミントを入れ、冷蔵庫に一晩置く。

枝豆としらすのオイル漬け

photo_p.69

○保存／冷蔵で約1週間
●材料と作り方
枝豆……1袋（300g）
塩……大さじ1
釜揚げしらす……大さじ2～3
EXVオリーブオイル……適量

1 枝豆はハサミなどで両端を切り、塩をふって1分ほどもみ込む。
2 **1**を蒸気の上がった蒸し器で約5分蒸し、粗熱を取って実を取り出す。
3 保存瓶に**2**としらすを入れ、中身がしっかり浸るようにオリーブオイルを注ぐ。※油に浸かっている状態で保存する。

桃とハイビスカスのコンポート

photo_p.71

○保存／冷蔵で約2週間

●材料と作り方

白桃……3個（600g）
ハイビスカスティーの茶葉……大さじ1・1/2
熱湯……2カップ
洗双糖……120g（桃の重量の20％）
はちみつ……60g（桃の重量の10％）
白ワイン……1カップ
レモン果汁……1個分

1 白桃は皮つきのまま縦半分に切って種を取り出し、種はガーゼに包んでおく。ハイビスカスティーの茶葉は熱湯に入れ、約5分抽出してこす。

2 鍋にすべての材料を入れて中火にかけ、沸騰したら弱火にし、灰汁を取りながら13〜15分煮る。

3 **2**の粗熱が取れたら桃の皮をむき、煮汁に浸けて保存する。

トマト醤

photo_p.73

○保存／冷蔵で約2週間

●材料と作り方

トマト（完熟）……6個
にんにく、生姜（各すりおろし）……各2かけ分
コチュジャン（または豆板醤）、米酢、醤油、ごま油……各大さじ1

1 トマトはヘタを取り、包丁で十字に切り込みを入れて湯むきし、粗みじん切りにする。

2 鍋にすべての材料を入れて中火にかけ、灰汁を取りながら1/3量になるまで煮詰める。

セミドライトマトのオイル漬け

photo_p.73

○保存／冷蔵で約1カ月

●材料と作り方

ミニトマト……15個
塩……少々
EXVオリーブオイル……適量

1 ミニトマトはヘタを取って横半分に切り、オーブンシートを敷いた天板に切り口を上にして並べ、塩をふる。

2　100〜120℃に予熱したオーブンで約1時間半乾燥させ、冷ます。

3　**2**を保存瓶に入れ、かぶる程度のオリーブオイルを注ぎ、冷蔵庫に一晩置く。※油に浸かっている状態で保存する。

大葉のナムル

photo_p.75

○保存／冷蔵で約1週間

●材料と作り方

A　生姜（すりおろし）……¼かけ分
　醤油……小さじ2
　ごま油……小さじ2
　酢……小さじ1
　白炒りごま……小さじ1
　赤唐辛子（小口切り）……1〜2切れ

大葉……10枚

1　Aは混ぜ合わせておく。

2　大葉は茎を取り、保存容器に1枚入れ、**1**を小さじ½程度塗る。これを交互に行って重ね、余った**1**を上からかけ、冷蔵庫に1時間置く。

大葉の塩漬け

photo_p.75

○保存／冷蔵で約1週間

●材料と作り方

大葉……10枚
塩……小さじ¼

1　大葉は茎を取り、保存容器に1枚入れ、塩少々をふりかける。これを交互に行って重ね、冷蔵庫に半日置く。

枝豆としらすのオイル漬け冷奴

photo_p.80

●材料と作り方（2人分）

好みの豆腐……1丁
枝豆としらすのオイル漬け（p.155参照）……適量
塩（または醤油）……少々

1　豆腐に枝豆としらすのオイル漬けをのせる。食べる直前に豆腐を崩して混ぜ、好みで塩をかける。

地だこといんげんのトマト醤炒め

photo_p.80

●材料と作り方（2人分）

茹でだこ……150g
いんげん……10本
ごま油……大さじ1
トマト醤（p.156参照）……大さじ2
塩、こしょう……各少々

1 たこは斜めそぎ切りに、いんげんは筋を取り、食べやすい大きさに切る。
2 温めたフライパンにごま油を入れ、いんげんを強火で炒める。好みの柔らかさになったら、たことトマト醤を加え、さっと炒め合わせて塩、こしょうで味を調える。

大葉のナムルのおにぎり

photo_p.81

●材料と作り方（4個分）

塩……少々
ご飯（炊き立て）……茶碗2杯分
大葉のナムル（p.157参照）……4枚

1 手を濡らして塩をつけ、ご飯を1/4量取って丸く握り、おにぎりを作る。
2 大葉のナムル1枚を**1**にのせる。これを4個作る。

すいかの皮のぬか漬け

photo_p.81

●材料と作り方

すいかの白い部分（外皮と赤い実を取ったもの）……100g
塩……ひとつまみ
ぬか床……適量

1 すいかの白い部分は食べやすい大きさに切り、塩をふって15分置いて水気をふき取る。
2 **1**をぬか床に漬け、一晩置く。

冬瓜と梅干しのスープ

photo_p.81

●材料と作り方

昆布……10㎝角1枚
水……4カップ
鶏手羽中……8本
冬瓜……500g

生姜（薄切り）……2枚
梅干し……1個
※小梅の紫蘇漬け（p.151参照）2個でもOK。
薄口醤油……小さじ1
塩……少々

1　昆布は材料の水に浸け、30分置く。鶏肉に塩をふって15分ほど置き、出てきた水分をふき取る。冬瓜は皮をむき、一口大に切って面取りする。
2　鍋に**1**と生姜、梅干しを入れ、中火にかける。沸騰したら弱火にし、灰汁を取りながら冬瓜に火が通るまで煮る。仕上げに薄口醤油、塩を加えて味を調える。

秋

洋梨のコンポート

photo_p.93

○保存／冷蔵で約2週間

●材料と作り方

洋梨……2個（500g）
バニラビーンズ……½本
洗双糖……100g
（洋梨の重量の20%）
はちみつ……50g（洋梨の重量の10%）
白ワイン……1カップ
水……1・½カップ
レモン果汁……1個分

1　洋梨は皮をむき、皮はガーゼに包んでおく。バニラビーンズは縦半分に切り、種をこそげ取る。
2　すべての材料を鍋に入れ、ペーパータオルを落とし蓋のようにかぶせる。中火で煮立たせて弱火にし、15～20分煮る。
3　そのまま冷まして保存容器に入れ、液に浸けて保存する。

ブドウのピクルス

photo_p.94

○保存／冷蔵で約2週間

●材料と作り方

ブドウ（大粒の種なしで皮ごと食べれるもの）……½房
〈ピクルス液〉
白ワインビネガー、水……各¾カップ

白ワイン……$\frac{1}{4}$カップ
塩……小さじ$\frac{2}{3}$
はちみつ……大さじ2
ローリエ……1枚
白粒こしょう……10粒
スパイス（イエローマスタード、
　コリアンダー、クローブ、
　レモングラスなど）……少々

1　ピクルス液の材料を鍋に入れ、ひと煮立ちさせて冷ましておく。

2　保存瓶にブドウを入れて**1**を注ぎ、冷蔵庫に一晩置く。※液に浸かっている状態で保存する。

無花果のジャム

photo_p.94

○保存／冷蔵で約2週間

●材料と作り方

無花果……5個（300g）
洗双糖……90g
（無花果の重量の30％）
赤ワイン……大さじ2
バルサミコ酢……大さじ1～2

1　無花果は好みで皮をむき、一口大に切る。

2　鍋にすべての材料を入れ、無花果から水分が出るまで約1時間置く。

3　**2**を中火にかけ、沸騰したら火を少し弱め、灰汁を取りながら好みのとろみになるまで炊く。味をみて甘味が足りなければ洗双糖を、酸味が足りなければバルサミコ酢を足す（各分量外）。

栗ジャム

photo_p.97

○保存／冷蔵で約2週間

●材料と作り方

栗（渋皮をむいたもの）……500g
きび砂糖、メイプルシロップ
　……各100g
（各栗の重量の20％）
塩……少々
ブランデー（またはラム酒）……少々

1　鍋に栗とかぶる程度の水を入れ中火にかける。沸騰したら火を少し弱め、約5分煮る。一度茹でこぼし、再び鍋に戻してかぶる程度の水（分量外）を入れ中火にかける。沸騰したら火を弱め、灰汁を取りながら茹でる。

2　栗が箸で崩せるくらい柔らかく

なったらきび砂糖を加え、木ベラで軽く潰しながら弱火で約10分煮る。

3　**2**にメイプルシロップ、塩を加え、さらに灰汁を取りながら5分煮て、少しとろみがついたら火を止める。好みでブランデーを加えてよく混ぜる。

かぼすカード

photo_p.99

○保存／冷蔵で2～3日

●材料と作り方

A｜卵……1個
　卵黄……1個分
　きび砂糖……大さじ3

B｜薄力粉（ふるう）……小さじ2
　豆乳、かぼす果汁……各1/4カップ

バニラビーンズ……1/5本

1　ボウルにAを入れて泡立て器でよく混ぜる。Bを材料の順に加えてその都度よく混ぜ、ザルでこして鍋に移す。

2　バニラビーンズは縦半分に切り、種をこそげ取ってサヤと一緒に**1**に加え、木ベラで混ぜながら弱火にかける。とろみがついたら保存容器に移し、表面が乾かないようにラップで覆い、そのまま冷ます。

秋刀魚のオイル煮

photo_p.101

○保存／冷蔵で約2週間

●材料と作り方

秋刀魚……3尾

塩……大さじ1

A｜白ワイン……1/2カップ
　白ワインビネガー……大さじ1

EXVオリーブオイル……適量

B｜ローリエ……1～2枚
　赤唐辛子……1本

1　秋刀魚は頭と尾を切り落とし、5cm幅に切る。内臓を除いてきれいに洗い、水気をふき取る。

2　**1**をバットに並べて塩をまんべんなくふり、15分置いてAを加える。途中裏返し、約1時間マリネする。

3　バット（直火OKのもの）に薄くオリーブオイルを敷き、**2**の水気を押さえて並べる。秋刀魚が浸る程度のオリーブオイルを注ぎ、Bをのせる。

4 **3**を極弱火にかけ、15～20分秋刀魚に火が通るまで煮て火を止め、そのまま冷ます。※油に浸かっている状態で保存する。

干し芋

photo_p.103

○保存／冷蔵で3週間

●材料と作り方

さつま芋……大1本

1 さつま芋は皮をむき、水に30分ほど浸けて灰汁を抜く。

2 **1**をたっぷりの蒸気が上がった蒸し器で、約30分柔らかくなるまで蒸す。

3 **2**の粗熱が取れたら三等分の長さに切り、さらに縦1cm幅に切る。

4 **3**をザルに並べ天日で3～4日、好みの硬さに干す。※夜は室内に取り込む。

ベーコン

photo_p.107

○保存／冷蔵で4～5日

●材料と作り方

豚バラ肉（ブロック）……400g

塩……12g（豚肉の重量の3％）

はちみつ……大さじ1

ローリエ……2枚

ローズマリー……1枝

黒こしょう……少々

茶葉（ほうじ茶など）……大さじ4

ザラメ……大さじ2

1 1日目。豚肉全面にフォークを刺して穴を空け、塩を均一にまぶす。ペーパータオルで包み保存袋に入れ、冷蔵庫に1日置く。

2 2日目。ペーパータオルを取り替えて保存袋に入れ、冷蔵庫に1日置く。

3 3日目。ペーパータオルを取り、肉の表面にはちみつを均一に塗る。ちぎったローリエ、ローズマリーを貼りつけ、黒こしょうをまぶす。ラップで空気が入らないようにきっちり包み、冷蔵庫でさらに3日寝かせる。

4 6日目。**3**を冷蔵庫から出して30分ほど置き、室温に戻す。

5 鉄のフライパン、または厚手の鍋の底にアルミホイルを敷き、茶葉、ザラメを敷き詰める。足のある網をのせ、その上にラップを外した豚肉を置く。大きめにカットしたアルミホイルを二重にしてかぶせ、煙が漏れないように蓋をする。

6 **5**を中火に約15分かけて火を止め、そのまま冷ます。

お月見団子

photo_p.109

●材料と作り方

上新粉……200g
熱湯（80℃以上）……1カップ
塩……ひとつまみ

1 ボウルにすべての材料を入れ、ゴムベラなどで混ぜ合わせる。ある程度まとまり、手で触れられる温度になったら、滑らかになるまでよくこね、食べやすい大きさに丸める。

2 蒸気の上がった蒸し器に布巾を敷き、**1**を並べて約20分強火で蒸す。

秋刀魚、舞茸、アーモンドのパスタ

photo_p.114

●材料と作り方（2人分）

秋刀魚のオイル煮（p.161参照）……1尾分
舞茸……½パック
アーモンド……約20粒
にんにく……½かけ
秋刀魚のオイル煮のオイル……適量
白ワイン……大さじ2
ショートパスタ（カゼレッチェ）……200g
塩、こしょう……各少々
イタリアンパセリ（みじん切り）……適量

1 秋刀魚は骨を取り、粗くほぐす。舞茸は食べやすい大きさに裂く。アーモンドは細かく刻み、にんにくは潰す。

2 フライパンにオイル煮のオイル、にんにくを入れて弱火にかける。香りが出てきたら、舞茸とアーモンドを加え、中火で炒める。舞茸に火が通ったら秋刀魚、白ワインを加え、ひと煮立ちさせる。

3 パスタは塩（分量外）を加えたたっぷりの湯で、表記よりやや短めに茹でる。

4　**2**に**3**の茹で汁少々を加えて煮立たせ、湯をきったパスタを入れて手早く和える。塩、こしょうで味を調えて器に盛り、イタリアンパセリを散らす。

ブドウ、かぶ、焼きなす、ベーコンのマリネ

photo_p.115

●材料と作り方（2人分）

なす……2本
ブドウのピクルス（p.159参照）……10粒
ベーコン（スライス）……2枚
かぶ……2個
ディル……2〜3本
A ブドウのピクルスの液、EXVオリーブオイル……各適量
　塩……少々

1　なすは焼き網などで柔らかくなるまで強火で焼く。水にさらしながら皮をむき、食べやすい大きさに切る。ブドウは半分、または1/4に、ベーコンは食べやすい大きさに切る。かぶは皮をむいてくし切りに、ディルはみじん切りにする。

2　ボウルに**1**とAを入れて和える。

そばの実と根菜のミネストローネ

photo_p.115

●材料と作り方

れんこん……小1節
生姜……1/2かけ
ごぼう……1/2本
かぼちゃ……100g
にんじん……1/4本
かぶ……2個
玉ねぎ……1/4個
セロリ……1/2本
ミニトマト……4個
EXVオリーブオイル……大さじ2
水……4カップ
ローリエ……1枚
そばの実（炒る）……大さじ2〜3
塩、こしょう……各少々

1　れんこん半量と生姜はすりおろす。

2　残りの野菜はそれぞれ好みで皮をむき、食べやすい大きさに切る。

3 鍋にオリーブオイルを中火で熱し、ミニトマト以外の**2**を入れて炒める。しんなりしたら水1カップとミニトマト、塩ひとつまみ（分量外）、ローリエを入れ、蓋をして5分蒸し煮にする。残りの水、そばの実を加え、灰汁を取りながら弱火で煮る。

4 そばの実が柔らかくなったら**1**を加えてひと煮立ちさせ、塩、こしょうで味を調える。温めておいたスープ皿に注ぎ、オリーブオイル（分量外）をまわしかける。

※野菜は季節のものを足したりして、好みで調整を。

冬

味噌

photo_p.123

○保存／冷蔵で長く持つ

●材料と作り方（約4kg分）

大豆……1kg
米糀……1kg
塩……450g＋仕上げ用50g
酒粕（板粕）……300g
焼酎（消毒用）……適量

1 大豆は鍋に入れ、3〜4倍の水（分量外）に一晩浸ける。

2 **1**を火にかけ、沸騰したら弱火にし、灰汁を取りながら豆が指で簡単に潰せるくらいまで煮る。※茹で汁が減り、豆が顔を出さないよう時々水を差す。

3 **2**をすり鉢に少しずつ入れ、滑らかになるまで潰し、大鉢に移す。

4 米糀と塩450gを混ぜ合わせ、**3**に加えてよく混ぜ合わせる。硬い場合は**2**の茹で汁を少しずつ加え、耳たぶくらいの柔らかさにする。

5 **4**を丸めて大きめの団子にし、消毒した保存容器の底に投げつけ、空気を抜きながら隙間なく詰め、平らにならす。

6 酒粕を**5**の上に隙間なく敷き、仕上げ用の塩をまんべんなくふる。焼酎を浸したペーパータオルで容器の内側をきれいにふき、表面をラップで覆って2kg程度の重石を置く。新聞紙で蓋をして紐でしっかり留め、冷暗所に置く。

7　湿気が気になる梅雨前ごろに一度蓋を開け、カビが生えた場合はカビの部分だけ取り除き、天地返しをして同様に保管する。半年くらいから食べごろになり、冷蔵庫で保存する。

キムチ

photo_p.125

○保存／冷蔵で約3週間

●材料と作り方

白菜……1/2個（1kg）
塩……30g（白菜の重量の3%）
A
しじみ（砂抜きする）……100g
煮干し（頭とワタを取る）……10g
水……1・1/2カップ
米粉、または上新粉……大さじ2
B
韓国産粉唐辛子（細挽きのもの）……1/2カップ
切りいか、切り昆布……各15g
アミの塩漬け……大さじ3
はちみつ……大さじ2
りんご（すりおろし）……1/2個分
にら、またはせり（5cm幅に切る）……1/2束分
にんじん（千切り）……1/4本分
にんにく、生姜（各すりおろし）……各2かけ分

1　白菜は縦半分に切り、天日に1日干す。

2　白菜の葉一枚一枚に塩をふってよくすり込み、容器に入れて表面にラップをし、白菜の2倍程度の重石をして一晩置く。

3　鍋に米粉以外のAを入れて弱めの中火にかけ、しじみが開いてから5分煮る。しじみ、煮干しを取り出して米粉を加え、とろみがつくまで煮る。

4　ボウルにBと**3**を入れ、よく混ぜる。

5　白菜を絞って水気を除き、葉一枚一枚に**4**をまんべんなく塗る。

6　**5**を保存容器や保存袋に折るようにして入れ、冷蔵庫に4～5日置けば食べごろに。

柚子マーマレード

photo_p.129

○保存／冷蔵で約1カ月

●材料と作り方

柚子……4～5個（500g）

洗双糖……150g
（柚子の重量の30％）

1 柚子は縦4等分に切って果汁を搾る。種はガーゼに包み、残った果肉は細かく刻む。皮はワタを少し除いて細切りにし、水に30分さらす。

2 鍋に皮とたっぷりの水を入れ、中火にかける。5分茹でて冷水にさらし、10分置く。この作業を苦味やえぐみがなくなるまで2〜3回繰り返す。

3 **2**の水気をきり、洗双糖を半量、果汁、果肉、種と一緒に鍋に入れ、ひたひたの水（分量外）を注いで弱めの中火にかける。途中灰汁を取りながら10分煮込み、残りの洗双糖を加え、とろみがつくまで約10分煮る。

金柑のコンポート

photo_p.129

○保存／冷蔵で約2週間

●材料と作り方

金柑……300g

A
- 洗双糖……80g
- 白ワイン、水……各80mℓ
- レモン果汁……½個分

1 金柑はヘタを取り、横半分に切って種を取る。たっぷりの熱湯で3分茹で、水に30分さらす。

2 鍋にAを入れてひと煮し、水気をきった**1**を加える。灰汁を取りながら弱火で20分煮て、そのまま冷まし、煮汁に浸けて保存する。

干しりんごとクランベリーの焼き菓子

photo_p.133

○保存／常温で約10日

●材料と作り方（14×8×高さ5.5cmのパウンド型1台分）

〈カルヴァドス漬け〉
紅玉りんご……1個
クランベリー……50g
シナモンスティック……1本
カルヴァドス（またはブランデー）……適量

A
- きび砂糖……60g
- 菜種油……大さじ3

豆乳……½カップ

B
- 薄力粉……90g
- 全粒粉……50g

アーモンドプードル……30g
ベーキングパウダー……小さじ2
シナモンパウダー……小さじ1
塩……ひとつまみ

C
汁気を切ったカルヴァドス漬け……大さじ3
刻んだナッツ（クルミなどローストしたもの）……30g

1 カルヴァドス漬けを作る。りんごは四等分にして芯を取り、2cm角に切って塩水（分量外）に10分浸ける。水気をふき取り、天日干しまたは100℃前後のオーブンで外側が乾燥し、中の水分が抜けない程度に乾燥させる。清潔な保存容器に干しりんごとクランベリー、シナモンスティックを入れ、カルヴァドスをひたひたに注ぎ、2~3日漬け込む。

2 ボウルにAを入れて泡立て器でよく混ぜ、豆乳を少しずつ加え、さらによく混ぜる。

3 Bを合わせてふるい、**2**に加えてゴムベラで手早く混ぜ合わせる。粉気が少し残っているところにCを加え、さっくりと混ぜる。

4 オーブンシートを敷いた型に**3**を入れ、170℃に予熱したオーブンで30~40分焼く。焼けたら熱いうちにカルヴァドス漬けのシロップを全体に塗り、ラップで包みなじませる。

我が家のお雑煮

photo_p.138

●材料と作り方（2人分）

A
出汁（かつおと昆布）……2・½カップ
酒……大さじ1
みりん、薄口醤油……各小さじ2
鶏もも肉（一口大）……4切れ
大根、にんじん（各拍子木切り）……各4切れ

はんぺん（またはかまぼこ）……2枚
みつば……2本
焼き餅……お好みで
小松菜（茹でる）、柚子の皮……各適量

1 鍋にAを入れて中火にかける。沸騰したら弱火にし、具材に火が通るまで煮る。みつばを結んだはんぺんを加え、ひと煮する。

2 温めた器に出汁を少し張り、焼き餅と具材を盛りつけ、小松菜と柚子の皮を添える。

紅白なますの柚子窯

photo_p.139

●材料と作り方（2人分）

柚子……2個

大根、にんじん……各5cm

塩……小さじ¼

きび砂糖……大さじ1

酢、金炒りごま……各少々

1 柚子は上部2cm程度を切り取り、下部の実をくり抜いて果汁を搾る。

2 大根、にんじんは皮をむいて千切りにする。塩もみをして10分ほど置き、水気を絞ってボウルに入れる。

3 柚子の果汁ときび砂糖を混ぜ合わせ、**2**に加えてよく混ぜる。味をみて酸味が足りなければ酢を足し、柚子窯に盛りつけて金炒りごまをふる。

りんごの葛湯

photo_p.141

●材料と作り方（2人分）

りんごジュース……1カップ

葛粉……小さじ2

生姜（すりおろし）、ローズマリー……各少々

1 りんごジュースと葛粉を鍋に入れ、泡立て器で葛粉よく溶かし、弱火にかける。とろみがついたら生姜を加え、器に盛ってローズマリーを散らす。

鶏肉とキムチの鍋

photo_p.142

●材料と作り方（2人分）

鶏もも肉（ぶつ切り）……300g

塩……少々

じゃが芋……3個

ごぼう……½本

しいたけ……2個

長ねぎ……1本

せり……½束

キムチ（p.166参照）……150g

ごま油、味噌、酒……各大さじ2

水……3カップ

1 鶏肉は軽く塩をふる。じゃが芋は皮をむき四等分にする。ごぼうは皮をこそげ取ってささがきにし、水にさっとさらして水気をきる。残りの野菜とキムチは食べやすい大きさに切る。

2 鍋にごま油を熱し、鶏肉とキム

チ、せり以外の野菜を入れて炒める。

3　全体に油がなじんだら、合わせた酒と味噌、水を加えて煮込む。じゃが芋に火が通ったら火を止め、せりを加えていただく。

カリフラワーと生海苔のナムル

photo_p.143

●材料と作り方（2人分）

カリフラワー……150g
塩……少々
A　生海苔……大さじ1・1/2
　ごま油……大さじ1
　薄口醤油……小さじ1/2
　塩……少々

1　カリフラワーは小房に分け、塩を入れた熱湯で好みの柔らかさに茹でる。

2　**1**の水気をきり、熱いうちにAを加えて味を調える。

干し野菜饅頭

photo_p.143

●材料と作り方（6個分）

切り干し大根（p.127参照）……20g
干した大根葉（p.127参照）……5g
干ししいたけ……2個
A　桜えび……5g
　白炒りごま……小さじ1/2
　醤油……小さじ1
　オイスターソース……小さじ2
餃子の皮（大判）……6枚
ごま油……適量
熱湯……1/4カップ
黒酢（または酢醤油）、
　生姜（千切り）……各適量

1　水に切り干し大根と大根葉は各5分、干ししいたけは1時間浸けて水気を絞り、しいたけは細切りにする。

2　ボウルに**1**とAを入れてよく混ぜ合わせ、六等分にして餃子の皮にのせ、丸く包む。

3　フライパンにごま油を熱し、**2**の包み口を下にして並べて焼く。

4　**3**に熱湯を注いで蓋をし、蒸し焼きにする。水分がなくなったら蓋を取り、焼き色がつくまで両面焼く。器に盛り、好みで黒酢、生姜を添える。

紅芯大根とスモークサーモンの甘酒マリネ

photo_p.143

●材料と作り方（2人分）

紅芯大根……150g
塩……ふたつまみ
スモークサーモン……50g
甘酒……大さじ3
柚子……1個

1 大根は皮をむいて薄い半月切りにする。塩でもんだら10分置いて水気を絞る。柚子は果汁を搾り、皮は適量を千切りにする。

2 ボウルにすべての材料を入れ、よく和える。

コラム

オートミールとローズマリーのクッキー

photo_p.84

●材料と作り方（約15枚分）

A
オートミール……50g
薄力粉、全粒粉……各25g
きび砂糖……25g
ベーキングパウダー……小さじ1/4
スライスアーモンド……10g
ローズマリー（みじん切り）……1枝分
塩……少々

B
菜種油……大さじ2
はちみつ……大さじ1

豆乳……大さじ1・1/2

1 大きめのボウルにAを入れ、手でぐるぐると混ぜ合わせる。

2 小鍋にBを入れて弱火にかけ、はちみつが溶けたら豆乳と一緒に1に加え、ゴムベラで混ぜ合わせる。生地がまとまったら10gずつ丸めて上から強く押し、5㎜程度の厚さにする。

3 2を天板に並べ、170℃に温めたオーブンで15〜20分焼く。

※冷めたら湿気ないよう乾燥剤と一緒に、保存袋や保存瓶に入れて保存してください。

柑橘のはちみつ漬けドリンク

photo_p.84

●材料と作り方

柑橘（夏みかん、湘南ゴールド、レモンなど無農薬のもの）合わせて……600g
はちみつ……300g
炭酸水、または水……適量

1 柑橘は薄切りにし、保存瓶に入れる。はちみつをまわしかけて蓋をし、常温に置いて1日1回かき混ぜるか、瓶を揺する。はちみつが溶けてなじんだら飲みごろ。炭酸や水で割って飲む。

フルーツみつ豆

photo_p.84

●材料と作り方（2～3人分）

赤えんどう豆（茹でたもの）、マスカット、プルーン……各適量
完熟梅のシロップ（p.150参照）……適量
〈寒天〉約300mℓ分
天草……10g
水……4カップ
酢……小さじ1
洗双糖……大さじ1・1/2

1 寒天を作る。天草はよくもみ洗いして汚れを落とす。鍋に洗双糖以外の材料を入れて中火にかけ、沸騰したら弱火にし、灰汁をこまめに取りながら30分煮る。天草をこして洗双糖を混ぜ合わせ、バットに流し入れる。粗熱が取れたら冷蔵庫で冷やし固める。

2 寒天を1.5cmの角切りにし、フルーツは食べやすい大きさに切る。赤えんどう豆と一緒に器に盛り、梅シロップ（濃い場合は水で少し薄めて）をかける。

ルイボススパイスチャイ

photo_p.85

●材料と作り方（2人分）

A
ルイボスティーの茶葉……大さじ2杯強
シナモンスティック……1本
カルダモン……4粒
生姜（薄切り）……2枚
きび砂糖……少々
水……1カップ

牛乳……1カップ

1 鍋にAを入れて中火にかける。沸騰したら弱火にし、5分ほど煮る。
2 **1**に牛乳を加え、沸騰直前に火を止め、茶こしでこす。

洋梨のサバラン

photo_p.85

●材料と作り方（2人分）

ブリオッシュ……2個
洋梨のコンポート液……1/2カップ
A マスカルポーネ……大さじ2
　メイプルシロップ……小さじ2
洋梨のコンポート（p.159参照）……1/2個

1 ブリオッシュは上部1/3を切り、下部の中央部分をくり抜いてコンポート液に1~2分漬ける。
2 Aを混ぜ合わせて**1**の下の部分に詰める。上に薄くスライスしたコンポートを飾り、ブリオッシュの上部をのせる。

干し果実のガナッシュ

photo_p.85

●材料と作り方（6個分）

干し果実（ドライプルーン、ドライ無花果、デーツなどを合わせて）……100g
ナッツ、塩……各少々
ココアパウダー……適量

1 干し果実をすり鉢に入れてペースト状になるまで潰し、ナッツ、塩を加えてよく混ぜる。
2 **1**を六等分にして丸め、ココアパウダーをまぶす。

柚子茶

photo_p.85

●材料と作り方（2人分）

柚子マーマレード（p.166参照）……大さじ4
熱湯……2カップ

1 器に柚子マーマレードを入れ、熱湯を注いでよくかき混ぜる。
※好みで生姜のすりおろしを入れても美味しい。

苺、ラディッシュ、ホタテのカルパッチョ

photo_p.86

●材料と作り方（2〜3人分）

苺……10粒
ラディッシュ……3〜4個
ホタテ（刺し身用）……5個
A 白ワインビネガー、EXVオリーブオイル……各大さじ1
塩、ピンクペッパー……各適量
ディル……2〜3本

1 苺はヘタを取り、ラディッシュは茎を取り、それぞれ薄切りにする。ホタテは半分の厚さに切り、塩少々（分量外）をふって10分ほど置き、水気を軽く押さえる。

2 皿にホタテ、ラディッシュ、苺の順に盛り、合わせたAをまわしかけて塩をふり、粗く潰したピンクペッパーとちぎったディルを散らす。

梨ときゅうり、コリアンダーのマリネ

photo_p.86

●材料と作り方（2〜3人分）

梨……1/4個
きゅうり……1本
新生姜……1/2かけ
コリアンダー……3本
すだち果汁……1個分
白ワインビネガー……小さじ1
EXVオリーブオイル……大さじ1
ナンプラー、こしょう……各少々

1 梨ときゅうりは皮をむき、梨は縦半分に切って薄切りに、きゅうりは乱切りにする。新生姜は千切りに、コリアンダーは粗みじん切りにする。

2 ボウルにすべての材料を入れ、手でよく和える。

ブドウと春菊の白和え

photo_p.87

●材料と作り方（2〜3人分）

木綿豆腐……1/2丁
白炒りすりごま……大さじ1
薄口醤油……小さじ2
塩……少々
ブドウ（巨峰）……6粒
梨……1/8個

春菊（柔らかい部分）……3〜4本
EXVオリーブオイル……適量

1 豆腐はザルに入れて手で潰し、水気をよくきって、すり鉢などで滑らかになるまでする。すりごま、醤油を加えてよく混ぜ合わせ、塩を加えて味を調える。

2 ブドウと梨は皮をむき、ブドウは半分に切る。梨と春菊は食べやすい大きさに切る。

3 器に**1**を盛りつけて上に**2**をのせ、オリーブオイルをまわしかける。

干し柿とりんごの前菜

photo_p.87

●材料と作り方（2〜3人分）

干し柿（柔らかいもの）……3個
サラミ（スライス）……6枚
ブリーチーズ（薄切り）……6切れ
りんご……1/8個
白菜……1枚
A アップルビネガー、EXVオリーブオイル……各大さじ1
　塩……ふたつまみ
クルミ（炒ったもの）……適量
黒こしょう、EXVオリーブオイル……各少々

1 干し柿は横半分に切り、種を除いて冷やした皿に並べ、サラミ、ブリーチーズをのせる。

2 りんご、白菜は細切りにし、Aと和えて**1**に盛る。クルミ、黒こしょうを散らし、オリーブオイルをまわしかける。

レシピについて

旬の食材は一定の味ではありません。そこが難しくもあり面白いところでもあります。レシピを目安に引いたり足したりして味のバランス、そして自分の味を作り出し、訪れた季節とともに楽しんでください。

中川たま（なかがわ たま）

料理家。神奈川県・逗子で、夫と高校生の娘と暮らす。自然食品店勤務後、ケータリングユニット「にぎにぎ」を経て、2008年に独立。季節の野菜や果物を活かしたレシピや、洗練されたスタイリングを書籍や雑誌などで提案している。地元・逗子を拠点にイベントにも精力的に参加し、ジャムなどの保存食を提供する他、伝統を受け継ぎながら今の暮らしに寄り添い、季節のエッセンスを加えた手仕事に日々勤しんでいる。著書に『「たま食堂」の玄米おにぎりと野菜のおかず』（主婦と生活社）、『一汁二菜の朝ごはん』（成美堂出版）がある。

写真 ―― 宮濱祐美子

アートディレクション

―― 嶌村美里（studio nines）

デザイン ―― 嶌村剛（studio nines）

編集 ―― 岩越千帆

季節《きせつ》を慈《いつく》しむ保存食《ほぞんしょく》と暮《く》らし方《かた》
暦《こよみ》の手仕事《てしごと》

2016年2月10日　第1刷発行
2016年4月20日　第2刷発行

著　者　中川《なかがわ》たま
発行者　中村 誠
印刷所　図書印刷株式会社
製本所　図書印刷株式会社
発行所　株式会社日本文芸社
〒101-8407
東京都千代田区神田神保町1の7
電　話　03-3294-8931（営業）
03-3294-8920（編集）

Printed in Japan
112160204-112160329 Ⓝ 02
ISBN978-4-537-21365-2
URL http://www.nihonbungeisha.co.jp/

（編集担当 ―― 河合）